# 创业的真相

真相创业的

赵博思 ◎ 著

浙江大学出版社
ZHEJIANG UNIVERSITY PRESS

# 交给创业者思考的，只有问题，
# 没有答案

创业，就是改变自己的过程。这个过程反之也成立，只有彻底改变自己，才有可能创业成功。

这是一场炼狱式的折磨。无论你有没有融到钱，无论企业是否在高速发展，只要在创业路上，你就无时无刻不被需求和产品折磨：挖掘需求，研究产品；为每一个细节、每一个决策焦虑；不断地论证和验证逻辑，试图比对手更早发现行业的"秘密"。

而所有的秘密，都在细致缜密的思考里，都在产品开发的每一个细节里。创业者熬白了头发，熬"死"了竞争对手，熬掉了所有的浮夸和骄傲，只剩下信念和坚持。在一次一次的洗礼中，创业者变得纯粹和坚韧，迎接并不确定的未来。

所谓创业者的修行,就是在感觉熬不下去的时候,选择继续熬下去。

# 倒逼才创业

所谓倒逼创业,包括但不限于以下几种可能:

①没有其他的路可以走,必须创业才能谋生。

②自己有一个强烈的愿望,埋藏在心底多年,准备了好久,不创业无法忍受。

③厌倦了朝九晚五的生活,觉得自己的价值被浪费,渴望每天 15 个小时甚至 18 个小时的工作,以创造更多价值。

④自己业余做了一些事,发现创造的价值远远大于日常的工作,觉得找到了新的方向。

⑤周围的环境、资源都推着你去做一件更有价值、更伟大的事,而你也准备好了。

……

或者外部环境,或者内心召唤,而你自己别无选择。而且一旦创业,任何更好的可能都不会改变这个选择,这才可以说自己确实想创业。

# "挑战不可能"的真实含义

"不可能"是因为条件不具备。那么,想要挑战"不可能",就要创造出需要的条件。意识到这一点,对于创业者来说是非常关键的事。如果没有想到这一点,遇到问题就蛮干硬上,是不可能取得成功的。

这一点也同样适用于创业者自己。创业就是要在当下不完美的自己身上刀刻斧凿，剔除自己的各种毛病和不足，塑造最好的自己。每一天的痛苦折磨，都是在塑造自己，一次又一次，直到涅槃。

在创业的过程中，创业者不可能都取得成功。但是，每个创业者都尽了自己最大的努力，看了更繁复美丽的世界，也成为更好的自己。因此，无论结果怎么样，他们都是值得称赞的强者。

# 一将成名万骨枯

每一个成功创业者的身上，都携带了那些失败创业者的遗产基因。在商场上，只有最后的赢家才能被人记得。但若没有竞争对手以及曾经的惨烈竞争，一个行业怎么能成熟？没有失败者曾经的竞争，怎么能有现在成功者的市场？

在激烈的竞争中，创业者构建的创业资源，在失败后会让渡给继任者，帮助成功创业者实现低成本几何扩张。这个过程的传播也放大了成功创业者的影响力，让他们发展得更快。

其实任何一个开创性的领域，都需要有创新思维的创业团队，他们要颠覆当下笨拙的传统业务，创造未来。但适合的人才少之又少，于是一个又一个创业团队大海捞针一样地汇聚每一个行业精英，然后打磨商业模式，寻找最合适的机会。他们培养了一大批理念和业务成熟的人才，虽然他们中的一部分半路折戟沉沙，但这些人才汇聚到了更大的企业中，使整个行业呈几何级扩张。

在这个过程中你会发现，无论多么优秀的创业者，总会有人功亏一篑，

惜败对手。知道这一点,你就会明白,创业无法通过培训来确保成功。就像作战一样,你必须战胜所有对手,才有机会。

而项目失败的原因总是各不相同。有的创业者是做错了关键的决策,有的创业者是走在了注定失败的路上,这些经历也留给了我们一个个教训和故事。

有的创业项目虽然失败了,但只要创业者的创业精神不死,有一天,他们会在另外一个领域带给我们惊喜。他们也许并未被人们发现和铭记,但是当你使用成功者的产品时,其中也有他们创造的价值。

我想在本书的开篇就告诉创业者,没有可以复制的成功经验。我能做的事,就是找出在创业过程中那些别人不会告诉你的关键性问题,如果你能在创业前对这些问题予以思考,给出自己的答案,你就能降低失败的概率,让成功率有所提高。

需要注意的是,本书提出的所有问题,都没有标准答案。你所能做的,就是意识到这些问题,然后想办法去解决它。怎么解决呢?这就取决于你创业的动机、目标以及你所拥有的资源。

接下来,本书会给创业者提供 101 个创业者需要经历和思考的问题,一起来经历一下吧。

**第一章** ## 创业之前必须想清楚的事儿

**第二章** ## 接受拷问：你的战略思维是什么？

## 第五章　不懂市场与营销？那你就死定了

第六章　**融资：怎样才能找到钱，活下去？**

第一章

创业之前必须想清楚的事儿

# 什么时候是创业的最佳时机?

回首过去,每一轮的创业热潮都催生了一大批创业者,但真正伟大的创业企业却往往诞生于寒冬。赢家总是有限的,那我们为何还要如此关注和热衷创业这件事?

除了成功带来的名和利,创业最吸引人的地方在于,它可以让我们重新审视自己,打磨掉自己身上的杂质,放弃虚妄的骄傲,成为更优秀的自己。

既然如此,我们不禁会问:什么时候才是创业的最佳时机?

## 学会提出问题之时

没有创业的时候,整个世界井然有序,无论是读书还是就业,都有一套清晰的流程,只要做对了,就能有回报。

创业以后你就会发现,整个世界完全变了,一个人要处理几百上千件事,每件事都必须自己应对,稍有不慎就可能被埋雷。

一切充满了变数，每个创业者都感觉不安，但这正是逃离舒适区后必然的代价。对于创业者而言，这种不安全感恰恰是进步的动力。

## 想要改造自己之时

思考是痛苦的，没有尽头，也没有答案，只有数不清的问题和困惑。但相比这些没有答案的问题，更让我们痛苦的是创业不断地挑战我们承受力的极限。

每个创业者一定有过这样的经历，觉得已经挑战到了自己的极限，彻底崩溃了。但是，还是要告诉自己再坚持一下，再忍耐一下。最后，创业者会发现，那些自己以为难以为继的困难，已经变得微不足道了。原来每个人的潜力可以这么大。

在这样一遍又一遍痛苦的折磨中，创业者不得不认清现实，不得不放弃鱼和熊掌兼得的幻想，不得不逼迫自己学习全新的知识，不得不在失眠的夜里更清醒地审视自己。

## 想要创造未来之时

"没有功劳也有苦劳"，这句话不适合创业者。大家都辛苦创业，但有的创业企业成功了，有的创业企业倒闭了。

个中原因有很多，笼统地说起来，要想取得成功，除了要看创业者有没有扎实的基本功，还要看创业者有没有行业视野、能不能"提前"看到未来。

对于已经成功的大企业而言，他们正在运营的是"现在"；而对于创业者而言,他们存在的价值是创造"未来"。只有创造未来,才能颠覆现在,这才是创业者的责任所在。

这些颠覆,考验创业者的是造梦的能力,是创造未来的能力。

此外,如果你宁可失败也要拼搏,没有人投一分钱也要创业,那么这时,就是你创业的最佳时机。对于这样的创业者,顺境、逆境都是创业机会:在顺境时加速,同时心存恐惧,防患于未然,稳稳前行;在逆境时坚持,同时保持乐观,挖掘自身最大的潜力,加速冲刺,度过隧道期。创业者的前路漫漫,只要心中有光,就不必害怕黑暗。

# 如何看待所谓的风口?

在我的理解里,雷军最早说"站在风口上,猪都能飞起来"的时候,他一定是在表达谦卑的意思:小米之所以发展得这么好,是因为站在了风口上,而非我雷军多么了不起。就像牛顿当年说自己是"站在巨人的肩膀上"一样。

在流量的驱使下,媒体开始拼命鼓吹一个又一个新时代,并称之为"风口"。

## 风口是赢家的宣言

为什么盲目追逐风口只会让你更加落后?

如果媒体发现风口时，你还没有参与进去的话，请千万不要去当炮灰。追随风口的创业者，你存在的最大价值就是成为行业前三名企业融资的诱饵。行业越热闹，前几名越有机会，而跟跑者的努力，大多数时候是无用功。

以电商为例，千家电商大战过后，京东等少数企业跑了出来，而其余创业企业留下了成熟的人才、现成的渠道、折价出售的各种资源，进一步让领先者领先。

现在的VR/AR市场、人工智能市场也是一样。除非你天赋异禀，否则中途加入只是帮助领先者完成市场教育，助力他们跑得更快，自己则是过了把瘾而已。

## 风口是"风口论"里的错误逻辑

风口是一个奇怪的存在。创业者乐于谈风口，不是因为创业者有伟大的梦想，而是因为这样可以说服投资人投资；投资人乐于谈风口，不是因为这样项目就更容易成功，而是因为这样更容易融到下一轮资金或者更容易说服LP(limited partner，有限合伙人，即风险投资基金的出资人)。

这个逻辑很荒谬对不对？没有人认真想想，这些风口是怎么来的。移动互联网的风口，是苹果多年的挖掘；社交网络的风口，是Facebook多年的耕耘；现在VR/AR的风口，先行者也布局了多年，直到让大家看到产品的可行性。这时候追加投资在这些企业是明智的，而后续的跟风者，机会实在不多。

2015年智能硬件风行的时候，很多创业者以为用"互联网思维"这个词，就会颠覆全世界。殊不知，每个风口都是多年积淀的结果。行业的背后是供应链、产业链和知识链的结合。

# 足够优秀时，你就是风口

如果把风口看作一种趋势，其实机会不在当下的热点，而在未来扩散的每个环节。

比如，移动互联网时代的来临，所有的一切都是移动互联网化的，那么还有哪些地方处于价值洼地？未来怎样进化？抓住这个机会，把还没有辐射到的地方做好，等到时机成熟时，你就会发现你在风口上。

这个时代最大的机会在于，移动化、智能化将席卷全球。世界有无数个领域，每个领域都在等待新时代的改造。

要知道，生态的任何一个环节足够优秀，都会拉动整个生态升级进化。以媒体为例，内容的创新会催生全新的渠道，渠道的创新也会创造全新的内容，读者的变化也会改变内容和渠道……任何一个环节都是突破口，问题在于真正属于你的机会在哪里。

对于创业者而言，你擅长什么就去做什么，没有风口这个概念。把你自己该做好的事做好了，就会成为风口，因为创业者就是造风者。只要把自己的能力发挥到极致，就是最大的成功。当你做到极致的时候，你就能召唤风。

记住：别人的风口是别人的，你要找到你真正能驾驭的东西，千万别被别人影响了节奏。查理·芒格说得好："在能力上没有提高，只执着于自己的欲望，往往最后面临的是万丈深渊。"

# 你的初心是什么?

首先,允许我给大家泼一瓢冷水——你改变不了世界。你凭什么改变世界?

马云曾经对那些想要颠覆马云的人说过一句话,大意是:如果你想用20年颠覆马云,可能你10年就做到了;如果你想这2年就颠覆马云,那么你一辈子也做不成什么事。

为什么呢?用20年颠覆马云的人,会追求本质的发现和改变。他们的初心不会受到风口或者外部环境变化的影响,不会轻易调整或放弃自己。

很多创业者以为自己是有观众的,他们不断地对外表达、讲述,以为在镁光灯下自己也像明星一样万众瞩目。但其实那都是人潮汹涌带来的错觉,即便被采访了,也只是媒体长尾的一部分。

创业是世界上最苦的事,没有人能在镁光灯下创业成功。

当我们弄清楚这些的时候,再冷静下来想一想,最开始,我们到底为什么创业?

## 初心是最初的起点

也许是为了多赚点钱,也许是想把自己的好想法付诸实施,也许是三五好友想一起打拼……对了,就是这种感觉,创业是希望自己能赚更多的钱,是确信自己的想法是可行的,是不甘于就这么平凡地活着。

"赚钱"或许不是媒体喜欢的概念,但赚钱本身绝不丢人,赚钱是企业的使命。当然等到企业成长起来,自然要关注除了赚钱以外的其他东西。

好了,现在回到最终决定出来创业的那一刻,告诉我,你的初心到底是什么?

那一刻,你做了最坏的打算,但还是坚持想试一试。返回初心的那个点,找到你最真实的想法,找出你贯穿始终的那个点,找回真正的自己。

在我看来,这是我们追溯初心最重要的目的——找回自己。从创业一开始,就始终坚持住,不因为他人、环境的变化而放弃,更不因为自己一时兴起就忘乎所以。

# 关于初心,问自己几个问题

认识你自己,这是一个很难的问题。如果你想知道自己创业的初心是什么,可以做一个简单的测试,看看自己到底在乎的是什么——

①你最渴望得到的东西:

出人头地? 金钱? 环游世界? 著书立说? ……

②你觉得你的能力所在:

管理? 创新? 执行? 技术? 产品? 创意? 宣传? ……

③如果 10 年后你最初的目标实现了,你会:

做别的事? 更热爱产品? 向更大的目标进发? ……

④为了实现自己的目标,你愿意牺牲:

时间? 金钱? ……

⑤未来很多年以后：

你还会坚持的是什么？你会不会换一种方式生活？……

找到你会坚持的、会相信的，那既是你的命运，也是你的初心。追随你的初心，走下去，你就不会错。

# 在理顺创业逻辑之前，
# 你的愿景够清晰吗？

很多创业者说创业很复杂，其实很大的原因在于，他们忽略了从 0 到 1 的过程。

实际上，完成了从 0 到 1 的过程之后，很多人都知道接下来该怎么做了。比如 Facebook 有 1 亿用户以后，无论是卖掉还是自己发展都很容易。真正的难点，是怎样从 0 开始获取 100 万乃至 1 亿的用户。

从 0 到 1 非常重要，也是最容易被人忽略的地方。尤其对于融资不易的创业者来说，尽快拿出产品，尽快做出用户，尽快找到商业模式，尽快融资……我们看到大多数创业者的大多数产品，都是平台化、电商化的。为什么？因为这样才能离钱更近一些。

但这么做其实是错的。如果没有从 0 到 1 的过程，所做的事都缺乏根基。平台可以搭建，运营可以推广，但没有底层逻辑作为支撑，长期发展就是发散的。如果没有一个清晰的愿景来支撑，这一切就很难实现。

愿景的价值在哪里？我们先来看一个案例：假如有机构让你的团队研究一下未来 VR 可能的用途，这就是一个发散的命题；而如果让你的团队用

VR 解决大学生的教育问题，这就是非常收敛的，一旦你做出来，这个问题就会被解决掉。

愿景会让创业者的目标高度聚焦，而非发散。换句话说，我们要把解决某个问题作为我们将要达到的目标，而非我们行动的开始。

对于创业者而言，这要求他带领整个团队用全部努力去解决一个问题，所有的力量都聚焦于一个点。对于创业团队而言，这会越来越简单明了，大家不断地克服困难，最终接近成功。对于用户和受众而言，这使用户感到清晰、愉悦，能帮助用户解决具体的问题。

企业形象也会在愿景收敛的过程中逐步清晰，锁定自己的边界，清楚未来要做的是什么，即愿景能解决什么问题。

只有找出清晰的愿景，整个创业才有可能变得简单。比如，亚马逊的愿景就是要让更好用的产品更便宜、更便利，阿里巴巴的愿景是"让天下没有难做的生意"。

对于创业者而言，你也一定要找到你的愿景，然后围绕这个愿景做事。这样才能理顺你的创业路径，而且在执行时也会少走些弯路。

需要说明的是，在这个过程中，一定要坚持做对愿景加分的事，其余的不做。对于创业者米说，必须保证自身的效率最大化。

愿景不仅是未来的目标，更是现在出发的导航仪。想清楚这一点，就会让创业多两成胜算。

# 你有重塑自己的勇气吗？

我们很难预测某个行业两三年内会怎么发展，但是对于未来整体的发展方向，还是会有基本的判断。

这种判断是基于对行业的深入思考。当然，思考的结果也未必一致。比如，业界在追逐 VR 的时候，苹果 CEO 库克更看好 AR 的发展，这就是一种预判。预判当然可能会失败，但是作为创业者，这是必然的经历。如果你生产不出未来的产品，凭什么你会赢得未来？如果你不知道未来的方向，你创业的价值到底在哪里？

因此，无论愿意与否，创业者必须找到在万千变化中不变的锚点。这个锚点就是为了实现愿景可以走下去的路。

亚马逊 CEO 贝索斯就是这样做的。未来 10 年，世界会发生很多变化，不变的是什么？人们仍然渴望有更多、更好且低价的商品，这就是贝索斯为亚马逊找到的锚点。相反，我们有很多创业者一会儿是社交电商，一会儿是 O2O 电商，从中找不到可信赖的锚点。这样失焦的创业面临的不确定性会更多，整个创业团队也缺乏共同的发力点。

对于创业者而言，哪些应该坚持，哪些必须放弃，这是一件特别难的事儿，因为大多数决策都是在没有清晰愿景的情况下做出的。

一位投资人说过，人不能自知，很多人对自我的认知其实是不够的。很多你自认为的优点，可能并不存在。

创业企业说到底就是老板自身的放大版。这个放大不会只放大你的优点,也会把你的缺点一并放大。如果你不能找出自己最好的一面,并且改掉缺点、发扬优点的话,整个企业也将会是混乱的。

如果你不能重塑自己,把自己变得纯粹,仍旧是混乱和矛盾的,大家怎么能从中看到希望?又为什么要和你一起披荆斩棘,去到达未知的终点?

一个可行的做法是:多追问自己,多向周围的朋友求教,多深入思考——如果你成为有钱人,你最愿意告诉别人的是什么?如果你身处绝境,你最后坚持的信念是什么?如果你万众瞩目,你最想表达的是什么?如果你即将死去,你最希望留给后世的是什么?

通过这样的反思,找出自己的关键词。一旦你找到了自己的关键词,就要重新梳理自己。这个时候,就需要针对这些不够完善的内容,进行改正。当你觉得很难改变的时候,就要想一想,如果你不改变,这些错误就会随着你的处事方式和你的情绪蔓延到整个公司,成为企业文化的一部分。

创业者的坚持,如同在无人区率队前行,没有人知道能否走出去,但你必须抱着必胜的信念对整个团队负责。这种孤独和寂寞是没人能够理解的,只有你自己独自承受。重塑自己,这是创业必须要完成的事,做不到这一点,创业就不可能成功。

# 拆毁重建:重塑自己的三个思考

"现在的你是不可能取得成功的。"记住这句话。

我见过很多创业者,他们创业失败后认为这是团队的原因、资金的原因、项目的原因,唯独不会反省自己——这些创业者的失败其实早就注

定了。

如果你有重塑自己的勇气,那么接下来就要放掉自己所有的荣誉、观念和习惯,然后按照创业的要求,从 0 起步,打造全新的自己。

## 忘掉你的过去,忘掉你的现在

如果有一天你成为马化腾、马云、刘强东那样成功的创业者,那时的你会对现在的你说什么呢?也许那时的你会对着现在的你说:"如果你现在不改变自己,无论多久,你都不可能见到我。"

相比于最优秀的自己,现在的你也许连半成品都算不上。要把一个半成品变成精美的成品,就一定要把每个环节都按照最高标准打磨,最终,才有可能成为最好的自己。

这期间耗费的艰辛并非简单的努力或者学习就够的,要把不对的、不足的都完全卸下,重新开始。

只要稍做思考,你就会明白:现在的你,不可能取得马云、马化腾、刘强东那样的成功。即便把那份成功强加给你,你也无法掌控住。

同样的道理,如果我们一直停留在过去,就意味着我们无法改变、无法进步;如果你的知识和能力停留在过去,那你的成就就会一直停留在现在。

创业是对人的一种修炼。但凡在创业中取得成就的创业者都会承认,创业最大的收获就是让自己有勇气改变自己,让自己变得更好。

# 改掉你此前的所有痼疾

当现实需要你改变固有习惯,你的本能反应是什么? 如果是"只要是对的,我就去做",那么说明你具有学习能力;如果是"这是习惯,改不了了",那就不要创业,别心存幻想了。

真正的创业是自我革命,不断去伪存真,哪怕那些痼疾已经牢牢地渗透进我们的骨肉,也要刮骨疗毒,这个过程远比我们想象的痛苦。

创业的核心就是改变。我们创业是为了改变社会的商业形态,我们创业是为了改变生活和命运,我们创业是为了改变和重塑我们自己。

# 放弃就是得到,拆毁才是新生

为什么我们更相信勤奋努力,而非自我改造? 因为相比自我改造,勤奋是相对简单的事。至于创造出来的结果是什么,并不重要,因为没有功劳也有苦劳嘛。真正的成功,是因为把产品做对了,加班或许会有用,但并非成功的决定性要素。

显然,要做到创业成功,就需要不断地改造自己,把自己打碎重来,让自己升级迭代。只有更好的自己,才有可能带来对产品更好的理解。

同样,只有这样的勇气和决绝,才能真正地塑造伟大的创业者和伟大的企业。

你做得到吗?

# 创业的本质是赚到钱、活下去

创业意味着每一分钱都是从你的成本里出，每一分钱都是从你的用户那里赚。那么，创业的本质是什么呢？在我看来，答案很简单：赚到钱，活下去；或者，活下去，赚到钱。至于改变世界，或者颠覆性创新，都是活下去的呈现结果。

## 创业是要更好地解决问题

明白这一点，就会知道，了解自己的动机有多重要。

对于创业者而言，动机并无好坏。有的人说，我创业不是为了赚钱，而是为了改变世界。但是，创业赚钱错了吗？没有错。真正的错误是自己说了个谎言，自己相信了，或者自己的梦想超出了自己的能力范围。

比如，你就是想赚钱、生存下去，那么你大可告诉每个人，活下去、赚到钱，就是胜利。如果你非要讲情怀、谈梦想，但却口是心非，最后只能因为纠结而陷入两难、因为矛盾而失去方向。

再比如，凡是刚创业就说自己会成为独角兽公司的，全都是瞎扯。为什么？只有到了 C 轮、D 轮，才有可能知道自己的生意是大还是小。在一无所知的时候说不恰当的话，这样的创业很可疑。

创业没有那么神奇，不过就是你有一个好的方案，可以解决当下存在的问题。就这么简单。创业者必须要有正确的动机，如果总想着创业的结果，那就是基于假设的假设，根本不成立。

# 在你的能力范围内解决问题

任何一个创业者，在创业之前千万想好，你不是被选中来拯救世界的超级英雄，你要先解决好身边的问题，才有可能解决更大的问题。

放弃幻想，忘掉颠覆，回到能力范围之内，认真思考哪些问题通过努力有可能解决。

不能否认，我们都喜欢看到颠覆式的创新，所谓一举改变世界。可惜颠覆从来都是事后的盖棺论定，颠覆是人们从一个习惯迁移到另一个习惯的结果，只有当这个迁移趋势被证明成立，才可以称之为颠覆。汽车颠覆了马车，电灯取代了煤气灯，触屏手机取代了按键手机……习惯迁移是长期甚至宏观的变化，组成这种变化的正是众多微小的改变和众多反复的阶段。

每个创业者都应该在开始的时候就脚踏实地，想清楚最坏的后果，想清楚自己的能力所在，想清楚社会环境和用户需求的变化。

# 解决问题才能活下去

创新需要创业者不断优化整个过程，让产品和用户需求之间达到最优解。通俗地说，人们想要在同等投入下，有更好的办法解决当下的难题。是不是颠覆不重要，让用户喜欢你的产品，这才重要。

创业者真正要做的，不是改变世界，也不是颠覆行业，而是提供给用户更满意的产品，让自己的生意能活下去。

商业的常识就是赚钱，再大的梦想、再远的远见，都是建立在这个基石上的。如果创业者没有想明白怎样赚到钱，那怎么可能活下去呢？

# 创业意味着每天都要对抗死亡

创业是最具挑战性的一种生活方式，从一开始的每一天，创业者都要在奋斗中想着如何避免死亡。如果你意识到这一点，你就会清楚：创业，就是对抗小企业的生命周期，让企业活得更茁壮一点。熬下去，再熬下去。

## 创业是一种修行

创业是苦中作乐，我们内心充满渴望，但始终盯着当下去解决问题。

但是最近几年，由于营销情绪主导了创投圈，大家都开始拼命地讲梦想和谈情怀，大聊改变世界。好像这么一说，就距离伟大更进了一步，创业就不再是向死而生，反而走向了康庄大道。

但是！梦想和情怀对于创业者没有任何帮助，反而可能误导创业者忽略现实的残酷。成功的创业者最初都不怎么说话，他们只是忙于不断地改进产品、推销产品。之所以被媒体发现或者挖掘出了情怀，实在是因为他们的产品做得太好了，媒体才会想方设法总结他们的成功。

最热闹的创业者往往不是活到最后的创业者,创业者要成功就一定要耐得住寂寞。这就是为什么我们说创业是一场修行。

记得,企业终究会死去。创业者应该随时对企业的死亡心存恐惧,这样,我们才能不断地审视自己,对命运说:"Not today."

## 面对压力不能怂

每个创业者都有盯着天花板彻夜不眠的时刻。

正是这些压力最终塑造了创业者,当不断地面对死亡的各种威胁时,创业者才会不断地改进自己的创业对策,使出浑身解数,只为了能够活下去。

比尔·盖茨说微软距离破产永远只有 90 天。创业是一个注定走向失败的过程,创业者的价值就是避免失败。

首先不是成功,而是避免失败,活下去。

## 向死而生,不要被当下束缚

虽然创业者每天必须要对抗死亡,但这不意味着,我们仅为了当下而疲于奔命。相反,越是这个时候,创业者越要带着远见去解决当下的问题。

当我们选择创业的时候,就应该想明白,和打工不同,创业意味着很有可能这就是你的终身饭碗,所以一定要有长久的打算。你肯定不希望亲手创立的企业只存活一两年,因此,在避免失败、活下去的同时,还必须要有远见和勇气,不因为短期生存的压力而放弃自己应该坚持的原则。创业和战争没有什么两样:只有不怕死的人才能活下来,而在活下来的人中,只有最

具远见者才能完成下一轮布局,在持续的对抗中继续活下去。

创业是一轮又一轮的淘汰赛,如果过于看重当下,而忽略了未来的储备,就会失败。能做到这一点,或许你就能拿到创业的入场券。

# 创业的本质是什么?

创业有 10000 种故事,融资有 1000 种奇迹,但所有这些如果到了最后 IPO 那一天,你会发现,最终靠的还是自己的产品,只有好的产品才配得上梦想。

创业的本质是:用更好的产品,满足目标用户的需求。这其中包括找准用户需求、做出用户最需要的产品以及卖给目标用户三个环节,这三个环节缺一不可。如果用最通俗的说法解释创业的本质,那就是卖掉产品。

产品做对了才能活下去。产品做得好,就算不懂运营,也会有人愿意帮助你。当然,有了好产品而没有好运营,企业一样会死掉。

什么叫做得对?在我看来,就是当你把你的模式讲清楚以后,无论是投资人还是普通用户都能一目了然。普通用户关注的是如何迅速使用,投资人关注的是你能否精准实现自己提到的模式。

因此,创业的本质就是,做对产品,成功销售给用户。相信活下来的创业者,都会认同这一点。

比如,小米手机哪里做得对?在高端智能手机卖 4000～5000 元时,雷军说,"我提供同样的配置,类似品质的设计,但是我只卖 1999 元"。雷军没做过手机,但雷军的解决方案触到了用户的痛点。

那么，如何才能把产品做对？

私下里与很多创业者聊过天，有一位的说法令我印象深刻，他说，创业以后才发现，学习能力不是指学习知识的能力，而是改造自我的能力。

其实，"越努力越幸运"和"九死一生"本质上是一个意思。也就是说，别人的幸运只不过是更多的尝试和九死一生之后的结果。

接下来的问题是，如何才能把产品卖掉？

当然是要最接近用户。当你可以和你的目标用户促膝谈心，当你清楚地知道用户在用你的产品时是满意还是不满意，你才会准确地把握他们的需求。这时候，你说的话、你营销的方式，才能触动他们的内心。当创业者就在用户的身边，而创业者的身边都是目标用户时，卖掉产品大概和发一条朋友圈一样简单吧。

当然，这个"简单"的背后，是毫不简单的思考和努力。用户在快速成长，竞争对手也在快速成长，如果我们的产品跟不上用户，就会瞬间被淘汰。当年手机业务的巨头诺基亚、摩托罗拉已经远离了，黑莓也开始了告别演出。任何一个企业出生就开始拥抱失败，创业者能做的只是从一开始就挽狂澜于既倒，然后把这个动作重复更多次，不断地从失败的威胁里把企业拯救出来。

因此，创业者必须随时随地拥抱用户的需求，研发完美的产品。而要做到这一点，我建议创业者不要在朋友圈里看各种碎片化的"干货""重磅"，而是要多看一些难懂的工具书，不断地进化自我，实现蜕变。

卖掉你的产品，这是创业者必须亲自完成的事。

# 创业前想清楚：
# 你最擅长的是什么？

望山跑死马，淘金者以为自己看到了金矿，等出发时，才发现远方有那么多的未知。

创业者也一样。等到真正出发，才发现自己当初看到的和实际操作的完全不一样，才发现自己如同置身荒野，没了方向。

这个时候，创业者会出现多种情况。有的感觉获得了自由，开始肆无忌惮地各种指挥；有的迷失了方向，手足无措；有的开始思考，寻找到底以什么样的方式才能实现既定目标。但即便是最后一种情况，很多时候创业者也无从用力。

该怎么办呢？要找到最适合自己的创业方式。如果你不知道自己擅长的地方，你就没有办法让梦想落地。如果你发现自己没有任何擅长的东西，那就要停下创业的梦想，哪怕就差临门一脚，也要停下来。因为没有自己的擅长，前方就没有任何可能。

那么，怎样找出自己擅长的创业方式呢？

## 明确根基：不要站在不确定的地方去思考未来

我们先想一下：创新是怎么样落地的？

无论是 iPhone 还是无人驾驶汽车，大多数人都想象过可能的样子，但是为什么别人能做到，而我们只能等待呢？

想明白这个问题，大家才会明白我想表达的意思。我们不能站在别人的起点上（或者别人认为的起点）去创业——无论是团队管理，还是战略规划，抑或是具体的执行工作。

正如亚马逊 CEO 贝索斯所说，我们必须找出变化中永远不会变的东西，以此为锚去创造。如果你对自己的起点都没有任何把握，那么未来也不会有任何结果。

脚踩着大地，找到通往未来的路，这是成功的前提。如果你梦想的起点并不在你的脚下，你怎么能够到达呢？

# 回到原点：你自己到底擅长什么？

你不可能从远方出发，只能从脚下开始。在 IBM 的 CEO 小托马斯·沃特森的自传里，他引述了自己父亲老托马斯的一段话："我不是天才。但我在某些地方是聪明的，而且我就待在这些地方。"

巴菲特说过，这就是做投资和做企业的全部内涵。我们必须有自己的逻辑，有自己的坚持，这样才能以不变应万变。只有你有了根基和锚点，你才能从自己的脚下出发，去解决问题。

那么核心问题就变成，你到底擅长什么？

很多人说，我是做餐饮的，我擅长餐饮。那只是你所在的领域，你未必是最好的那个人，也未必称得上擅长。所谓擅长应该是做得好，而且在这个领域里游刃有余。

# 正向设计:用自己的方式来解决问题!

所谓擅长,就是有自己的一套能站得住脚的理论,而且自己真的能够弄懂,并以此作为起点去解决问题。

比如,你知道怎么样找到趣味相投的小伙伴,那么你的创业核心应该就是以团队为主,通过怎样找到真正合适的团队并给团队做出正确的激励,来解决创业中遇到的问题。

再比如,你的优势就是技术,那么你的创业就必须从技术开始,逐步建立你的行业优势。虽然你可能也希望用户体验更好,但技术才是你的核心。你要找和你一样的技术大牛,解决别人不能解决的问题。

创业是非常苦的事。在创业中你所擅长的,并非行业的基本技能,而是维持团队运转的基本能力。

# 创业:你就是一切问题的根源

经过了 10 个问题之后,我们需要进一步拓展思维的宽度。

未来的创业者,不是靠勇气就能取胜,也不是融了巨额资金就能把后来者吓退。创业的逻辑(我们将在下一章中详细阐述),只有创业者才能构建。创业者一个失误的决策、一个自相矛盾的命令、一个错误的价值观,都会把创业引入歧途。

因此，我们可以毫不犹豫地下断语——创业者是一切问题的根源。哪怕团队犯的错误"罪不可赦"，创业者也是与之"同罪"的那个人，创业者有100％的责任，任何时候都不能免除。

# 创业者决定了"努力是否有价值"

没有一个团队是不想努力做成事的，但是却不是所有的团队都创造了价值。

现在早就过了单凭个人努力就能创造价值的阶段，只有自己的项目确实有价值，团队的努力才有价值。

# 创业者决定了"试错是否有价值"

很多人都说"失败是成功之母"，但较真起来的话，失败未必是成功之母。比如很多"民科"（民间科学家）致力于"永动机"的研究，他们的失败，对于未来的成功一点帮助都没有，因为他们的起点就是错误的。

很多创业者将自己的失败等同于"试错"，但实际上他们并没有明确自己的方向是什么，这样的试错就像永动机的研究一样毫无价值。

只有方向正确的目标，失败才是有价值的。灾难并不一定会给我们带来财富，痛苦本身也毫无意义。同样，试错也并不是成功的必然前提，通过学习和思考，我们可以避免很多不必要的错误，这就是学习和思考的价值所在。

# 创业者决定了"团队是否有价值"

我常常会想一个问题:迪士尼的崛起,是因为沃尔特·迪士尼找到了当时最好的动画精英吗? 苹果的崛起,是因为乔布斯找到了当时最好的科技精英吗?

答案显然是否定的。任何一个创业者都很难在创业一开始就汇聚最优秀的一群人,那么他们为什么又取得了成功呢? 我想到的答案有两点:一是创业者构建的创业项目本身足够优秀,创业项目逻辑清晰、执行有力,足以击溃传统竞争对手,赢得用户的信赖;二是创业者锻造和培养了这批潜在的优秀人才,通过创业活动,把他们打造成了行业最优秀的人。

在这里,最具有说服力的无疑是福特。福特通过流水线的构建,让100年前的美国人都可以轻易地参与到汽车的制造和生产之中,福特让整个团队创造了更大的价值。

从上述论述中我们可以发现,创业者是一切问题的根源,也是一切希望的所在。创业者之所以能在管理、决断中运筹帷幄,最根本的不是创业者当老板的权力,而是他们弄清楚了创业项目存在的价值,并且带领团队一起去实现。

创业者必须要为项目所有的问题承担100%的责任,任何其他人承担的责任都不能免除创业者自身的责任。如果创业者意识不到这一点,就容易误入歧途,最终创业就会陷入困境。

# 怎样才能具有学习能力？

创业者大都在讲创新、讲学习能力，但在我看来，一部分创业者并没有学习能力，也不具备创新能力。

所谓创业者的学习能力，不是指创业者看书、读报、做笔记的能力，而是指创业者能够突破自我，改变自己坏习惯、坏毛病的能力。这就是创业者对自我的持续校正能力。

先改变自我，才能改变世界，改变世界永远是通过改变自我间接实现的。

## 什么是学习能力？

所谓学习能力，就是不要相信你的经验，每次都要重新思考。

所谓学习能力，就是每掌握一门新知识，都将其放入自己已有的知识体系内，重新消化理解。

所谓学习能力，就是每天思考，用逻辑梳理清楚全新知识点的价值，建立自己的知识体系和研究框架，不断地把思考体系化。

要取得成功，就一定要成为快速成长的那个你，让每个人都对你刮目相看。如果你的蜕变周围的人都看得见，那么你就距离成功不远了。这个过程就是学习能力的体现。

# 怎样才算具有学习能力？

刘强东在转型做电商之后，有段时间苦苦思考"什么才是电商的根本"，最终他找到了供应链这个环节。弄懂这一点之后，无论后续遇到什么困难，京东的成功都不再有阻碍。

从创新的角度看，学习能力是为了解决问题而生。如果在整个创业的过程中，创业者都能够用一个完整的逻辑来做出准确的判断，这个创业者就是具有学习能力的。

我们再回头看一系列伟大的创新和颠覆者，福特汽车的创始人福特真正的创新是流水线。为了做到这一点，福特想尽一切办法，最终实现了这个目标，让美国成为车轮上的国家。

# 学习能力的三要素

我们其实已经掌握了很多"东西"，但在成为系统知识以前，它们毫无用处。所以在不断的学习中，要把做对事情的那些思维方式（方法论）内化。这样我们才能持续向前。

这就好比对弈，只有你把过去的知识都内化成为基础，你才能看到未来的路。那么，如何更好地获取学习能力呢？我提炼了学习能力最基础的三要素：

①事实。我们需要尽可能找到中立的事实，而非我们愿意相信的事实。

②数据。只有关键的数据才有用。

③逻辑。逻辑来自分析和教训。教训部分来自经验,但必须抽离经验本身。经验是我们的敌人,如果依赖经验,我们只能原地踏步。

# 怎样才算拥有健康的创业心态?

创业者必须保持自己的心态处于最佳状态,而且不会轻易变化。

## 稳:每一个细微判断都至关重要

每个人的内心都有侥幸心理,会忽略大的问题,也会觉得很多问题都微不足道,这些往往是影响创业成功的致命因素。

在创业过程中,每一个细微的逻辑判断都至关重要。创业不是大手一挥,整个世界就围着你转。只要和创业相关的,再微小的事也不能视而不见,每一次选择都可能决定成败。

明确这一点,你的心态就要稳一点,不要被外界的一些说辞或者别人的做法牵动。

在把握不准的时候,推迟决定好过仓促上马;如果做错了,及时承认错误,放弃重来,好过侥幸硬闯。

# 专：聚焦问题，而非别人的做法

很多人的心态很浮躁，或者只是模仿，或者随便嫁接几个想法，这样的心态是不适合创业的。

大家在技术上、产品上总会趋同，但要想清楚用户需要解决的问题是什么，创业者怎样才能更好地满足用户的需求。

创业者在创业过程中，难免会灵感丛生，这些想法很多看起来不错，但相对于创业的愿景和逻辑判断来讲，其实一文不值。创业者要始终盯着远处的问题，保持克制的心态。

# 知：意识到自己的位置

很多人看到一些东西就以为自己知道了很多，还没有深刻理解，就开始发挥自己的想象力。结果，别人的深思熟虑和远见卓识没学到，自己的短视却把企业毁掉了。创业中，那些自以为是的小聪明会迅速埋葬一个创业企业，这是我最常见到的。

现实证明，很多创业者的失败，根本上是因为他们高估了自己的能力。

一个创业者要非常了解自己的现状，知道自己能调动的资源，知道自己需要解决的问题，才有可能解决其他人的问题。我曾经见过一个创业者，提出的想法精彩绝伦，最后都变成了别人的成功。因为他根本没有意识到，自己的团队不具备实现的能力；他也根本没有耐心，从一无所有开始，构建和完善产品实现的路径。这样的人，虽然身处创业者的位置上，但在我看来，根本不是创业者。

## 熬:创业首先想着要活下去,每一步都要活下去

万通董事长冯仑说过,伟大是熬出来的。

在创业的过程中,你需要不断地做出选择,一个又一个选择。面对瞬息万变的外部环境,不断地给内部员工讲述你的愿景,与他们达成一致。最重要的是,你要彻底想明白,把所有复杂的逻辑变成一条点对点的直线。虽然路径需要不断地校正和微调,但你的目标就是给团队构建这样一个简单的直线。

核心难点有两个:首先,能够画出这样的直线就很难了;其次,要让团队成员相信每一步都是可实现的。

创业路上,无数机会都在遥远的未来,而所有的激流险滩却就在眼前。每一个创业企业在成功之前都会经历很多次濒临死亡的体验,这个时候没有别的办法,只能熬。用你的意志力苦苦熬下去,绝不认输,绝不放手。熬到最后,你就会最终胜出。

## 忽略常识的创业者, 怎么可能走得远?

"创业可以很简单",这完全是误解。再简单的创业,背后都是对行业逻辑的深刻梳理,而且,往往越简单,背后的思考就越复杂。

创业像是战场上的临阵指挥，面对现场突发的事件，参考当下的背景因素、社会因素、人际因素等，短时间内做出你认为的最优决策。最重要的是，你的对手也在猜想你的决策而做出他的决策，所以，最后胜负有时候是因为谁更聪明，有时候是因为谁实力更强，有时候是因为谁猜对了对方。

创业有没有可以遵循的地方？我总结了以下 6 点常识，供大家参考。

## 常识 1：不懂行，做不成

需要说明的是，懂行不一定要求你年长或者经验丰富。但是你一定要在这个领域居于领先地位，而且对行业要能想得透彻。乔布斯、比尔·盖茨都是第一次创业就成功了，因为他们在各自领域里都处于行业领先而且具有洞察力。

## 常识 2：没有团队，不可能成

之所以要成立企业，而非单打独斗，是因为团队协作会发挥超过个人的作用。但并不是一群人在一起，就可以称之为团队了。团队应该是一群愿意和你一起实现目标的人，是一群愿意和你一样改变自我、变得更优秀的创业伙伴。他们本身并不一定是最好的，但是组合到一起却会发挥超乎寻常的力量。这就是团队的力量。

## 常识3：领先半步刚刚好

太过超前的创业者，很难说服市场接受他的成果。

太过超前就意味着市场教育时间过长，而市场教育是最贵的成本。对于创业项目来讲，最好领先市场半步，别自己去完成市场教育，否则先驱就会变成先烈，可能很难熬到成功的那一天。

领先半步，刚好产品成熟遇到需求爆发，那你就有了成功的基础。

## 常识4：盈利模式必须形成闭环

谷歌上市时还没有固定的商业模式，但是谷歌有海量的流量，赚钱只是分分钟的事。只不过他们不希望过早商业化，同时考虑到用户体验，他们也没有选择迅速变现。

要么能直接赚到钱，要么有能变现的模式。

## 常识5：创业的经验和教训，只有身处其中的人才能看懂

高手之间看经验、教训，看到的是决策和逻辑。创业本来就是虚实结合、守正出奇。当事人的某些做法或许是发自肺腑，或许只是营销手段，全不当真或者全部当真都是错误的。

## 常识6：没有常胜将军

正确只是相对的。创业没有必然的成功，但是通过学习、思考和训练，辅之以正确的心态和做事方法，可以提高成功的概率。

马化腾、李彦宏、马云、刘强东，再来一次能像现在一样成功？未必。但他们的视野、格局和胆识，决定了即便再来一次，他们成功的概率也要比普通人大得多。

在我看来，创业最大的考验是创业者决策和运营的掌控力，能够带领企业走向长远。

# 创业时，
# 为什么必须要遵循逻辑思考？

你准备带孩子去露营，要准备帐篷、睡袋、防蚊液、手电筒、打火机、防潮垫、瑞士军刀、铆钉、探照灯……

如果你把这些单子列成一张表格，然后背下来，我相信很难。

现在，你改变了策略。

你要先教会孩子野炊。野炊需要生火，需要烹饪工具，需要备料，需要盛菜、盛饭的工具，还需要餐具以及清理用品等。每一样又有具体的细节来完善。

接下来,带孩子露营,也是同样的模式。

下一次,你们一起出去探险,就可以顺着这几个思路再去思考。也许会有不全,但随着经验的加深,这些知识会越来越系统、越来越有帮助。

创业比野炊复杂一万倍,如果没有逻辑梳理,创业者将面临一团乱麻。

## 为什么我们需要逻辑?

假如一个创业者告诉产品部:你们好好开发几款产品,不必管其他部门;告诉新媒体部:你们好好做宣传、做影响力,不必管产品部在做什么;告诉运营部:你们就做好寻找客户的工作,不必管产品部和新媒体部在做什么。

这样会出现什么问题呢? 产品部做了好几个产品,但是不知道为什么做;新媒体部获得了 5000 个用户,但是和产品部的目标用户是否一致也不知道;运营部和很多客户谈了合作,对方有各种需求,但是和公司的产品根本不一致……这样持续下去,结果会怎样就很清晰了。

创业就是搭建一条无形的流水线。如果创业者在搭建的过程中,没能建立起统一的标准、严密的细节,那么整个过程就一定会出问题。

## 只有逻辑才能做到稳定的输入、输出

露营的案例告诉我们的就是最简单的逻辑的价值,整体上,我们对逻辑的运用基本上都是不够的。很多创业者懒于构建逻辑,或者认为构建逻辑之前的记忆、分类、整理太过枯燥,大都只停留在解决眼前问题上。这样的

后果就是,每次有问题都会从头再来,每次做的事其实都是无用功。

刘强东说过,创业要想取得成功,关键就一句话——只要你能够解决一个问题,那么你的项目就一定会成功。

这里的解决问题,指的是解决用户的一个特定需求。而要能解决这个需求,不是靠你跑前跑后就可以了,而是要建立一个问题的解决机制。只要这端提出问题,那端就会输出结果。

创业的本质就是建立解决问题的逻辑,系统地解决问题。如果创业者没有想明白这一点,那么创业就会走很多弯路。

## 让所有的细节都逻辑一致

创业是一门艺术,而逻辑是一家企业安身立命的基石。无论是企业内部的管理系统、财务系统,还是产品生产线、业务流程,一旦逻辑出现问题,其结果就是根本的、不可逆转的。因此,企业创业时,想清楚每一个环节的逻辑走向,并且能取得逻辑的一致性,是成功不可或缺的基础。

事实上,很多成功的创业者都经过了痛苦的思索,最后构建起了自己的逻辑。创业者首先要相信并服从逻辑,创业者的权威并非来自权力,而是来自他们对逻辑的捍卫。如果整个企业只由老板意志随意控制,没有逻辑和流程,企业很容易陷入混乱。

# 创业这么苦，
# 你能让创业变得有趣吗？

汤姆·索亚在姨妈的要求下给栅栏刷漆，这原本是个苦差事，但刷栅栏这种事对于小孩子来说并不常见，因此索亚假装无比热爱刷栅栏这个活儿，将之视为一种荣誉，拒绝给任何人尝试的机会。最终，小伙伴们为了能够尝试拿起刷子去干活，纷纷把自己心爱的礼物拿出来，换取干活的机会。

这就是汤姆·索亚的故事。他机智地运用自己的智慧，把原本自己应该干的活儿，成功地分配给了小伙伴，还得到很多礼物，皆大欢喜。

工作是结果导向，而玩乐是过程导向。如果创业者想要让创业变得更有趣，只要建立起过程导向，不必刻意追求结果，通过逻辑构建来控制企业运转，一切就会不同了。

## 创业很辛苦，但如果能让大家玩起来就会不同

现在有两个选择：

1.你想改变世界，带着一群想改变世界的人一起创造，每个人都能体现价值，每个人都在展现自己。

2.你给员工发工资，就要别人没黑没白地加班干活。

两者比较起来，可能是做同样的事情，哪个会更让人愉悦呢？

如果你想透了，准备好了大展拳脚，那么你就不是在要求别人做事，而是在帮助别人成长。

创业者可以没想清楚怎么实现的路径，但一定要想清楚你想要做什么，能做到什么程度。乔布斯开始的时候并不知道iPhone是现在这个样子，但他知道，他要彻底改变手机行业；佩奇和布林并不知道谷歌会是今天的样子，但他们坚信信息的搜索和整理会创造巨大价值。实现的路径可以探讨，但没有愿景就不会吸引到真正有趣的伙伴。

## 定好规则，大家才能玩起来

在创业团队，什么好玩，什么最累？

大家害怕的不是工作辛苦，而是怕没有方向，怕老板反复无常，怕只是在执行一些无意义的枯燥劳动。

没有人希望被教育，只要你制定好规则，大家就能开始工作。我见过很多创业公司，虽然有不错的起点和初始资源，但大家跟着创始人各种毫无意义地试错，疲于奔命，最后失去了激情。

其实，一起玩儿未必就会影响工作。只要你放开上限，让员工的创造力无限发挥，同时给予他们创造力的奖赏，团队活力就会大不相同。

## 怎样完善游戏规则？

如果你可以让多边资源彼此借力，大家会认为与你合作是有价值的。

通过多赢的原则，创业项目能够发挥最大的价值，然后再让团队在这个基础上发挥创意，让整个创业活动更生动、更有趣，那么是不是就更具成长性呢？

# 面对创业，应该有哪些正确的思维方式？

愉悦资本创始合伙人刘二海在一次演讲时说，创业时，就算是最后的赢家，也很难知道自己真正赢的原因是什么。这就像打麻将，虽然胡了十三幺，但整个过程并不一定是自己完全掌控的。所以，赢家再创业未必一定会赢。

马云、马化腾确实特别牛，但真实情况可能是因为他们成功了，所以显得特别牛。而最重要的不是他们已有的能力有多高，而是他们的思维方式可以带领团队最终抵达正确的彼岸。

那么，在创业开始前，我们需要先明确几个原则性的思维方式。

## 创业并不一定让你从中学到什么

我们的收获是和自身的基础以及学习能力相匹配的，如果创业不是我们必然的选择，那么整个创业的过程，对我们不一定有好处。

即使现在马云、刘强东对你明明白白讲了他们最痛的领悟、最有价值的思考，由于你的经历和思考不够，你也不一定听得懂。

所以,不到创业的时机,如果选择了创业,那么在这个过程中的很多教训和收获,创业者不一定能感受得到,很多价值也无法吸收和发现。而要发现这些,必须要对自己的思维方式进行改造,使自己具备学习和反省的能力。

# 不胜不战

孙子说,不胜不战。又说,不可胜在己,可胜在人。

创业和打仗并无二致,如果没有一定赢的把握,就继续闷头做准备。实际上,在创业中,未知因素占 60%,现实把握占 40%,绝大多数决策其实都是随机应变。

你能驾驭的是有限的资源和控制,是对当下的优化。如果做得足够好,可以将自己的利益最大化,但也并不能确定自己会走到终点。

因此,此前的赢家再次创业未必会赢。但因为每个环节都经历过,取胜的概率大于普通人创业。如果他又具有非常强的纪律性,那这种略高一点的概率就会让他排在市场前列,从而获得更多的社会资源。

# 问题不可能预先被解决

这一点非常重要。在所有的创业过程里,可行模式都不可能预先被研究出来。

这个逻辑的核心就是,基于假设的假设不可能成立。你可以选择努力的方向,能否成功不完全依靠预定的计划,而需要在过程中随机应变。

我们不可能事先建立一套完整的解决方案。我们事先能做的，就是找到需要解决的核心问题，然后通过各种探索去找出可能的解决方案。那种一提出问题就给出解决方案的小聪明，大多都是纸上谈兵。

以上三点，是大多数创业者都会犯的错误，如果不解决这三个问题，创业一开始就注定了失败。

本章主要是谈创业前创业者应该想清楚的一些基本问题，其中有几个关键：

创业没有成功的秘笈，但逻辑梳理清楚，会提高成功的概率；

创业没有套路，但创业中确实有一些恒定不变的锚点，比如初心和愿景、个人品质、决策能力、逻辑框架等；

创业没有权威，只要你的做法更好地解决了用户的需求，你就有可能胜出；

……

开始创业后的你，等于一张白纸，如果你能解决一个核心问题，或者能给世界带来不一样的新奇玩意儿，那么你就有可能成功。

这些内容看起来很简单，但真能想透彻并且做得到，并不容易。任何人在决定创业之前，都应该先想清楚这些问题。这些问题想明白之后仍然愿意去创业的，就可以从创业的战略思考入手，解决更多在创业方面的具体问题。

第二章

接受拷问：你的战略思维是什么？

# 如何正确运用逻辑的力量？

逻辑关乎企业的向心力和未来的发展前景。换句话说，为什么一家企业能够创造更大的价值，而另一家企业不能？根本上说这取决于创业者能否建立一套优秀的逻辑。创业团队就是要建立和执行逻辑，由逻辑来持续地创造价值。

## 创业者如何找到逻辑的起点？

所有的知识和经验都可以拆解为事实、数据和逻辑。不要满足于一个常识或者结论，也不要简单地肯定或否定。

我们必须先把事实和数据拆解到不可再分，这样我们才知道哪些流程可以优化，哪些问题可以避免，而我们又应该怎样去做事。

一旦拆解出正确的逻辑模块，后续的很多工作就会迎刃而解。那么，怎

么样去解构呢？

具体的操作方法是：

1.把创新产品的过程解构成若干个维度。

2.在某一个维度上，给出任意两个方案。这两个方案当然不是最佳方案，但不要简单否决这些方案。要根据这两个已知方案，确定你认为的理想方案的大概样子（准方案1）。

3.将准方案1作为基础方案，与过去的两个方案进行比对，再确定更理想方案——准方案2。

4.不断地反复思考，逼近你要的那个方案。

5.重复以上步骤，把最终的方案敲定下来。

这些思考很枯燥，但创业令人兴奋的愿景背后，都是这些简单枯燥的努力。所谓台上一分钟，台下十年功，这是每个创业者都必须经历的事，而且需要内化成他们的思维方式和工作习惯。

# 从逻辑一致性开始思考

很多创业者脑子里是一团乱麻，做出的决策左右互搏、前后矛盾，这些都需要通过理顺逻辑来解决。

那么，怎样才能理顺逻辑，构建一致性呢？

我的建议是：要在创业进入高速发展期之前，用不超过10个字概括出你的创业项目。

如果你能通过逻辑梳理找到企业存在的价值，接下来就可以梳理实际操作的逻辑。要确保整个方案的每一个环节都紧密配合，落实到细节。

如果你做到了这些，你就会发现，整个团队都具有了逻辑一致性，团队成员对自己的目标了然于胸，他们知道公司在做什么，更会努力配合。同时，逻辑的一致性也意味着话语体系的一致性。在此基础上，大家才有充分的合作和交流，才清楚地知道最终产品和自己的关系，对产品也就更有热情、更有参与感。这样一系列分析、内化、类比、转化和再出发，得出来的创新已经完全逻辑化了，更具有影响力。

# 确保逻辑的可拓展性

构建逻辑的闭环是一项高难度的挑战，但是仅有这些还不够。

创业的逻辑必须具有可扩展性。要能随时挑战不可能，要能注意到未来在不断变化之中，这样才能不断校正路线，最终实现成功。

怎样确保在逻辑一致性的基础上，还能具有可扩展性呢？要在未来愿景的基础上，不断地修正具体路径。举例而言，诺基亚要做手机，他们为了实现这个目标，做出了结实、耐用、信号好的手机，然后他们开始不断地完善这一逻辑。他们根据愿景建立了一整套逻辑之后，成功地统治了当时的手机市场。但他们没有及时发现愿景的变化，没有及时校正偏差，他们甚至还嘲笑苹果公司想做手机的努力。最终的结果是，当他们发现真正的问题出现以后，强行转舵已经不可能了，而不转舵又会没落，渐渐失去了手机市场。

柯达也是如此。当柯达确立了胶卷赚钱的模式以后，为了能让胶卷持续赚钱，柯达甚至把数码专利束之高阁，最终公司陷入了破产。

创业不是靠想法远大就能成功的，要不断厘清每个细节，把知识和创新

沉淀在流程上。逻辑混乱的创业者,将会走很多弯路,如果学习能力再差点,就会创业失败。

# 你能否做到以终为始?

现在的你已经做好准备了,铁了心要创业。但你必须清醒地意识到,创业要有正确的逻辑,以及相应的思考过程。

创业的哲学思考至关重要,这样才能找到自己创业的常量,比如初心,比如需求,比如愿景,比如正确的心态和坚持。

有了这些常量,我们才能逐个解决创业过程中无数的变量。

创业想要成功,就要突破当下的意识局限。创业是在给未来的人生产产品,如果你按照当下的思维模式,产品还有价值吗?

## 以终为始

以终为始的颠覆性思维方式,就是将未来产品的形态作为当下创新的起点。如果 5 年前,你就意识到人们将会习惯在手机上购物、玩游戏,并且开始布局的话,相信现在你已经取得了不错的成绩。

同样道理,如果你能洞察到 5 年后人们需要的产品,然后用 1~2 年时间把产品做出来,并逐步完善,相信 5 年后你的产品就可以统治市场了。这告诉我们,创业者必须设计并生产领先于时代的全新产品。如果企业能洞察这一点，并以未来的形态为依据打造产品，就一定会赢得消费者。这一方法也可以称为，基于未来产品构想的逆向创新。

需要明确的是，以终为始并不是很容易的事，基于已有的要素我们很难做好产品，基于不存在的未来我们就更加难以驾驭。

虽然我们短期内充满了动态和不确定性，很难把握变化，但从 5～10 年的长期来看，未来的路径是清晰可见的。

# 让"未来"与"现在"同在，是创业者最基本的能力

当创业者把"未来"放在"现在"，进行并行的产品开发时，就会产生奇妙的化学反应——我们必须先拥抱未来产品的概念，才能想办法聚焦和实现产品的开发。

无论产品还是销售，如果没能把未来 5～10 年的需求变化考虑进去，就很难取得持续成功。

只有发现了想要的未来，我们才会对当下充满信心，这种信心又是我们实现未来的确切基础。

# 如何确保自己活在未来？

首先，要能随时抛弃已有的成见，拥抱变化。活在未来就要先拥抱变化，然后研究变化。

其次，要围绕产品构建全新的管理范式。

最后，要有持续的自我校正模式，确保自己能始终紧跟形势。

活在未来、以终为始,是伟大创业者们必须具备的能力,这种能力可以使企业更好地聚焦于下一代产品的创新上。

如果你想做个普通的创业者,就一定要找到赚钱的模式,并且确保能够赚到钱;如果你想做一番事业,就请不断地训练自己的创新能力。

# 当我们说专注的时候,
# 我们在说什么?

现在似乎到了这样一个时候,创业者言必提专注,但是追问下去,到底应该专注什么、怎么专注,大家却并不清楚。

这里来一个假设:假如一个创业者想改造电动汽车市场,他套用玛莎拉蒂的外形,做出宝马的舒适度,行驶里程和当下的电动汽车一样,只卖奥迪的价格。你觉得成功的概率有多大?

这款车很可能是失败的。因为有能力买这款车的人会去买特斯拉,想买电动车的人又买不起这一款或者觉得过于浮夸。这款车从一开始就没有针对任何用户,哪怕后期改进,也并非针对目标用户需求改进。因此,产品升级不具备实际意义。

反过来看雷军,虽然小米后来又多了各种业务,但小米手机的专注点却是正确的。所谓的性价比就是告诉大家,这是针对价格敏感用户推出的手机。雷军找到了这群用户,时至今日,这个用户群体还在。只要这个群体不消失,小米在这个群体中就仍然拥有话语权。在这个意义上,小米是专注的。

没有把目光专注到目标用户的需求上,无论多努力,都不可能实现既定目标,更不用提"专注"二字。然而,如果专注到了错误的点上,就很难找到正确的答案。

因此,"专注"这个词并不是独立存在的,需要专注目标用户的需求,进而做到极致。

坚持、专注和认真,都必须是在用户需求的基础上,然后一步步努力接近目标。也就是说,只有当专注、目标用户、需求三点共线的时候,才算进入创业的正轨上来。

大多数时候创业者都会分心,他们以为自己很专注,但实际上并非如此。很多创业者都会犯这样的错误,他们没有盯着远处的目标,而只盯着脚尖。

没错,顺着脚尖看,你确实在一路向前,非常专注。但是从大方向来看,对于未来的目标而言,你可能早就偏离了十万八千里。

# 你懂得如何借假修真吗?

"借假修真"这句话来自苹果全球开发者大会的一个演讲题目——假装强大,直到你真的强大。

这句话很好,我印象中,马云也有过类似的说法。可见,借假修真是创业者必须具备的战略思维能力之一。

为什么?因为创业本身就是一件反直觉的事。一家成功的企业,无论公司内外都能清楚地知道其存在的价值。但是在企业还不存在,正从 0 到 1 的过程中,你凭什么能创业成功?

不是靠运气,而是靠持续的努力和不断的思考,一点点地找到未来的愿景,然后借着这个来自未来的"假"来修炼我们现在的"真"。

## 借假修真是企业运转的前提之一

之所以成立企业,是因为大家要一起去完成一件个人无法完成的事。由于每个人的经历不同、受教育程度不同、看问题的角度不同,对于同一件事,大家的理解也不一定相同。

而要一起共事,就需要所有人互相合作。除了薪水以外,还有什么能够让大家团结到一起呢?当然是一个很好的企业愿景。

这个愿景,因为还不存在,就是我们所说的"假"。但这个"假"又是可能实现的,或者说,一旦实现了世界就会变得不同。如此可以激励每个创业者克服重重困难,想尽办法去实现目标。

## 借假修真能给团队清晰的方向

任何一个不断向前的创业企业,都需要每个人调用自己的无穷创造力。如果这些创造力没有一个方向,大家就会迷失。

这个方向现在还是假的,但是将来会变成真的。比如,比尔·盖茨希望每个家庭都有一台电脑,上面运行着 Windows 软件,那么整个团队都会往这个方向持之以恒地努力。再比如,乔布斯希望苹果做出能够改变世界的顶级电子产品,市场份额不是第一位的事,用户体验的重要性更高一些。

如果你的企业没有一个关于未来的构想，大家就无法凝聚成团结的力量，自然也就没了方向。

# 如何借假修真？从讲一个故事开始

在成功创业者的脑海里，未来和现在是存在于同一个时空里的。当下任何工作的调整，他们都可以同步看到未来的变化和影响。这是一种非常强大的能力，每位创业者都应该训练自己拥有这样的能力。

这不仅是借假修真，而且可以真假联动。你知道现在每件事会引起将来的怎样变化，你可以通过真假联动，做出更好的选择。

如何训练自己呢？从讲一个故事开始！

讲故事的能力可以说是创始人的必备技能，故事讲得好，逻辑通畅，企业成功的概率至少增加一成。

例如，马云讲阿里巴巴"让天下没有难做的生意"。其实最早阿里巴巴的用户体验并不好，但这个故事清晰明了，引导着整个团队在此基础上持续改进，越来越好。

滴滴打车的程维讲移动出行的故事，饿了么讲O2O的故事，最终大家都可以看到未来的一种景象，而且这种景象确实可以给生活带来很大的改变，从而说服投资人、说服产业链的各个环节，最终说服用户。

# 千百遍彩排，说服自己相信

阿伦·凯说过一句话：预见未来最好的方式就是创造未来。当你强势

介入未来,你就有主动权。但这时你仍然需要一遍遍地思考,不断地解构每一个细节。

每一个细节,都可能决定成败。只有不断地思考,使每个细节都有解决方案和应急预案,你才能条理清晰、稳操胜券。

借假修真时,需要不断彩排,这种彩排是为了搞定其中的每个细节。弄懂每一个细节,出去讲故事的时候,就能清晰地预见各个环节的变化以及调整相应的应对方式。

## 把故事讲给所有人听

不断地把自己的故事讲给所有人听,哪怕没有人理解。

一旦某一天你取得了进展,这个故事就像种在别人心里的种子,慢慢开始发芽。

# 你的动机和优先级能匹配吗?

世界的进步是必然的,没有人能阻止。你能选择的就是,是否由你来创造并被世界选择。

作为创业者,每个人都想成为那个被选择的人,但每个成功的创业者背后都是数以万计的创业先烈。那么,怎样才能确保自己持续地生存下去,并且最终胜出呢? 这就需要创业者拷问自己的动机以及每天做事的优先级。

# 做事的动机

一个人的天赋不能对创业持续有价值,但一个人的动机却可以决定创业接下来的方向以及能走多远。

因此,当决定创业后,就要想清楚自己最真实的动机。无论是马化腾还是刘强东,乔布斯还是比尔·盖茨,他们最开始都不是为了改变世界而去创业的,但是他们的动机本身就包含着利他的因素以及长远的选择,所以当有机会可以做更大的事业的时候,他们能做出正确的选择。

相反,一开始一无所有,却把目标定得超乎能力,几乎可以肯定,这个目标是无法实现的。一定不要高估自己的能力,也不要美化自己的动机。

# 真实的动机并不可耻

所有伟大的人,只不过是经历千难万险成了最好的人,在这个过程中,他们感动、感染或者影响了周围的人,这才变得伟大。

如此,创业者在整个过程中不要试图追求伟大的结果,而要先成为最真实的自己,然后是最好的自己,之后才是对外界的影响力。

因此,对于一般的创业,动机只要是真实的就好,只要和优先级匹配就好。而对于想成就伟大企业的创业者而言,则需要进一步改造自己。

## 动机和优先级匹配

光有动机还不够,创业者做事必须要有非常简单明确的优先级。

举个例子。假如你有一个微信公众号、一个微博,还有一个微信群,但你并不清楚该做什么,于是你就招了一个新媒体运营,让他把三个平台的流量都做上去。那么很有可能最后都做不好。

为什么?因为这三个平台看起来都很小,但是真的要做好都不容易,甚至需要专门的团队去完成。当创业者连一个都没有做好的情况下,直接做三个,成功率会远远低于只做其中的一个。

如果只有一个动机(比如想做好运营),但没有优先级,创业就会陷入混沌和无序之中。如果有优先级,但缺少动机,最后项目也很难跑得远。真正要做的,应该是让动机和优先级更好地匹配,两者共同决定当下应该做什么事。短期来看,这会指导你的团队成员实现目标,长期来看,这也会让你自己更聚焦。

# 为什么我们要创新?

请你再想想:现在全民喊创新,到底什么才是创新?我们到底为什么要创新?

# 什么是创新？

创新最大的作用是便利用户、赢得用户，而非颠覆。颠覆是媒体观察行业的一个结果。举个例子，苹果 Apple Pay 出现后，大家都质疑其创新性，但是几年过去了，Apple Pay 已经在美国站稳了脚跟。为什么？因为苹果帮助用户解决了移动支付上的问题，用户慢慢习惯了它的存在。同样，在和支付宝的竞争中，微信支付并没有强调什么颠覆，但是它给用户带来了很多便利，现在用户使用微信支付的频率不输于支付宝。

创新这件事，起因只因为有一个痛点，其结果就是你把产品做得更好了。拿出更好的产品，比什么都强。正如乔纳森·艾弗所说：想与众不同很容易，想要做到更好却很难。如果忽略了"让产品变得更好"这个前提，创新就很容易变得华而不实，甚至哗众取宠。

好的创新，自然会逐渐赢得市场。爱迪生颠覆了煤油灯，福特颠覆了马车，其依靠的并不是颠覆一切的野心，而是不断努力做出更好产品的决心。

如果你偏离了做"更好的产品"这样一个主线，无论你憋了怎样的大招，又怎样惊艳了世人，最后都不过是昙花一现。

# 为什么创新？

这就要回归到我们创业的本质中来。

苹果在推出 Apple Pay 时，把用户放在第一位，但对于各个相关方，苹果都提供了令人难以抵挡的诱惑。让产业链里所有相关者都受益，这是

创新成功的前提条件。

最好的解决方案，并不意味着没有问题，而是说这个解决方案随着改进越来越好，最终改变了用户的习惯。用户的习惯改变了，我们就成功了，而改变用户习惯的过程，我们从创业的角度称之为创新，但实际上，这个过程几乎总是被动的，是以用户最终的选择作为衡量条件的。

举例来说，相对于过去必须要到河边喝水，桶的创造就是创新。随后，人们花费许多年的时间，不断完善桶，直到其被下一个创新打败。

大家知道什么颠覆了桶吗？自来水。自来水并没有想着颠覆桶，但是自来水更好用，人们从此抛弃了桶。所以事后来看，可以说是颠覆了。

所谓的颠覆性创新，只是针对被淘汰的那个门类而言。作为用户，我们关心的不是是否颠覆，而是创新本身是否有用。

而有用一定是持续性的、坚持改进的。如果让我来定义"创新"，50％的付出是在产品发布前完成的，10％来自新品发布，而40％（也是最重要的进化）来自新品发布以后的不断完善。而所有这一切，最终都是以改变用户习惯为核心的。

## 如何看待创新？

创新不是一个目的，也不是一个特定的结果，创新是一个过程。创业者每天解决问题的过程，处处都有创新在体现。

微信当年作为一个 app 多么小，但等它连接了 7 亿用户时，它就是伟大的产品。微信有很多伟大的创新吗？其实都是细节的、微小的、渐进的修改，但是这些修改持续发挥着巨大的作用。

创新让用户更好、更愉悦地完成其使用目标：更好地与世界相连，更好地满足使用需求，更好地完成工作任务……创新的本质，是让用户有更好的体验，而不是推出华而不实的产品。真正的颠覆是改变用户的习惯，而非产品多么与众不同。推动用户习惯的更迭，你就拥有了用户！

# 为什么说创新只是产品
# 创造的副产品？

创新只是解决问题需要采取的与众不同的方法。如果没有与众不同的方法，当然不可能做出与众不同的产品来。

各种花式的做法，本质上都是为了解决问题。因为发现并确信自己能够解决当下存在的某个确定性的主要问题，所以我们选择了创业。

但是很多时候创业者想改变世界的想法，会偏离解决问题这个核心。尤其是创投、媒体或者投资人的怂恿，更会让创业者迷失方向。

正如北极光创投董事总经理杨磊所说的那样，创新的过程就是解决问题的过程，创新并不是像传说中"苹果掉到牛顿脑袋上"那样神奇。其实方法很简单，就是每天解决一个一个的小问题。这个过程才是创新的本质，是非常需要耐心且磨炼意志的。

# 创新本身不是主体，它只是附庸

创新是连续创造的过程，创新不可能单独成为主角，为了创新而创新是愚蠢的。

大家都忽略了一个核心事实：颠覆从来都是事后的盖棺论定，颠覆是人们从一种生活方式迁徙到另一种生活方式的结果。只有当这个迁徙趋势被证明成立，我们才可以称之为颠覆。

创投圈更乐于看到颠覆式的创新，所谓一举改变世界。但我认为，从来没有颠覆式的创新，创新本身不可能是颠覆式的，人们生活方式的转变才是。

明白了这一点，就会清楚，创新只是产品进步的附庸而已。创新的核心是决策和驾驭，是让产品变得更有价值、更好用，而非与众不同的哗众取宠。

# 创新就是变得更好用

媒体出于自身传播的需要，往往会希望出现各种传奇性的内容，或者故意反其道而行之，以期夺人眼球。因此，媒体对于人物刻画总是脸谱化的、英雄化的。创业者千万不要被这种简化的表达方式所迷惑，进而失去对创新的感知。真正的创新不是一个概念，或者一次颠覆，真正的创新就是让产品变得更好用。

最重要的是，只有创业者始终坚持这一理念，创业团队的整体思考才会完全一致，用户需求和团队目标也才会完全一致。这时，企业发展和产品创新才是可以持续的，才会避免陷入"为了创新而创新"的创业陷阱。

## 最笨的办法就是最好的创新

明白创新是为了解决问题，创业者就会避免创新陷阱，而专注到问题上来。创业者能做到的，就是老老实实、一个一个地解决问题。

很多问题没有那么复杂，解决方案也很简单。比如，如何让手机实现移动支付，而且没有数据泄露隐患？手机厂商的思考是：建立一个不联网的独立存储模块，把真实卡号变成一组随机生成的虚拟卡号，通过指纹解锁的方式防止密码被窃取。

创新没有秘密，有的只是对基础的完善，对未来的探索——不断试错、努力尝试、一步一步做到最好。把人人都能做到、又都没有做到的事坚持到底，直到做得很好。只要你最终解决了问题，你就是创新。

## 你知道创新的正确姿势吗？

如果你已经找到了正确的问题，接下来我们就来解决问题。所有的创新都来自对产品逻辑和用户需求的细致梳理，而这些只有通过思考和研究，才能不断逼近。

创业者的每一次推演，都是在发现"未来"；当我们采纳了这些"未来"给

我们的建议时,我们就更逼近于我们想要的未来。

就像爱迪生发明电灯泡,通过反复的尝试,通过不断的校正,把每一个细节都找到最好的解决方案,慢慢接近未来。

这也就呼应了我很早以前提出的一个观点:那些大家认为不值一提的"小事"才是人生的大事,而那些所谓的"大事"其实只是小事。

在我看来,"小事"才是不可拆分的,才能体现一个人的品质,而那些"大事"不过是小事组合起来的东西。

创新也同样如此。没有一劳永逸的解决方案,没有重复使用的创新秘笈,有的只是不断回到起点,不断重复测试。

因此,所谓的创新,不是灵光一闪,不是为了创新而创新,而是一种做事的体系。

## 创新是一种思维方式

创新是连续创造的过程,创新不可能单独成为主角,为了创新而创新是愚蠢的。要通过创新让更多用户为产品买单,这才是关键。

创新不是目的,而是一种思维方式,是理性思考的力量。这种思维方式会改变我们思考产品的角度,比如,由技术导向变为需求导向,从用户体验出发改进产品,等等。创新本身不能独立存在,做出能够满足用户需求的产品才是核心。

因此,只有我们的核心始终锁定在产品上,才会舍弃创新的幻象。

# 创新是一种哲学思考

创新不是主体，关注创新本身没有意义。

我们应当首先关注产品是否变得更好用，而且长期来看要越来越好用。因此，创新是一种哲学思考。通过不断深入剖析用户需求，让创新由混沌变得有序。当创业者想透彻以后，才能构建出清晰的产品路线图，而且这种思维方式可以复用。

# 创新是一种管理方式

创新不是一个解决问题的方案，而是一套完整的操作系统。根据逻辑关系，建立正确的操作系统，然后据此开发、修订，才能摸索出答案。这套操作系统本身并不提供答案，但依靠这套操作系统，我们能够找出可行的方案。

创新是一种管理方式。它基于正向思考，同时展开并行工程，不断优化整个过程，使产品和需求之间达到最优解。

# 为什么红海更适合创业者？

很多企业家都希望自己的企业找到一片广阔的蓝海。但是对于创业者

而言,红海才是创业者真正的舞台。实际上,现在看起来伟大的那些企业,当年都是在红海的角落里绽放出来的。

比如谷歌。谷歌诞生时,雅虎如日中天,而且也有自己的搜索引擎。但就是在这样的红海里,谷歌敏锐地发现了信息搜索的价值。

比如苹果。苹果做个人电脑的时候,不仅有电脑巨头 IBM 和惠普,还有 DEC 等新兴势力虎视眈眈,电脑创业企业多达上百家。在如此红海里,苹果从中厮杀了出来。

只要稍加留意,我们就会发现,这些伟大的企业在创业的时候,都是在红海里准确地把握了机会,借助红海里完善的生态系统,踩着巨人的肩膀走了出来。

## 红海的机会更实在

真正伟大的机会,发生在红海里。或者说,你要在红海里,创造一个小蓝海。

所谓的红海,是指市场竞争已经白热化,产品、服务同质化严重,企业利润微薄甚至呈现负利。在这样的市场中,竞争、搏杀此起彼伏,所以很形象地称之为红海。

iPhone 是苹果开辟的蓝海市场吗?看看当时诺基亚、摩托罗拉和索爱等(它们现在都已经不再独立存在了)的统治地位,你不会认为手机市场是一个蓝海市场。

智能电视是一个蓝海市场吧?现在进入这个所谓的蓝海市场的先驱者们,至今并未找到成功的窍门。

在红海市场里，通过创新解决用户已有的痛点，这就是创业的机会。其实，这些痛点你我（甚至普通消费者）都知道，只不过解决起来太麻烦，所以大家都不愿意跟进。所以，选择难的且你又擅长的事，做下去。

# 所谓的蓝海，其实并不存在

对于真正的蓝海而言，开拓和教育市场的难度太大了。科技巨头苹果，从来不擅自闯入任何一个蓝海市场，它总是不断让市场发酵，而非直接闯入。直到市场接近成熟，苹果再出手。

这说明什么？一个真正的蓝海市场，你可以看得到，却很难真正把握住。即便是一个小小的蓝海分支，当你没有能力调动资源时，一切也只是徒劳。蓝海所需要的创新难度和执行难度，远远大于红海。

所以，不要想着创造蓝海。你只要把产品做到极致，那就自然是一个小小的蓝海。就像苹果强势闯入手机领域，然后改变了游戏规则。如果你能把一个当下存在的问题领域改造好，你就赢得了这个市场。这比引导用户去蓝海创造需求，靠谱太多了。

# 如何从红海中发现蓝海？

两个卖鞋的销售员去一个岛上考察，发现当地人不穿鞋。甲回来说没有市场，乙回来说发现了一个大市场。此前人们都倾向于后者，认为后者有创造力。但是平心而论，甲的做法也是正确的，说服不穿鞋的人穿鞋这个过程会很漫长。而且一旦说服了他们穿鞋，所有卖鞋的都会蜂拥而至。这样

的市场培育不是创业企业能做的事。

只有在红海里，你才更清晰地知道大家的需求和痛点，而且你想要做解决方案的时候，也有生态系统的支持。如果是一个全新的市场、绝对的蓝海，你打算从哪里入手呢？

一个可以参照的方式如下——

首先，留意我们生活中的那些痛点、不便或者期待。现在的社会远远没有达到我们想要的那么高效，还有大量的创新和改进等着我们。

其次，留意转折点。做到这一点，需要自身有强大的能力，能对时机准确洞察。谷歌诞生时，刚好互联网信息泛滥，人们从获取信息的惊喜变成了找不到自己想要的信息的困惑；小米手机的大火，是因为人们想要智能手机但成本又太高，小米用高性价比征服了市场。

最后，在实现方式上，不要走捷径。直击用户痛点，寻找最好的解决方案。一旦做到最好，你就会取得成功。

# 如何发现市场机会？

市场调查或许能够发现痛点，但是不可能发现需求。这里的需求，指的是真实的、能够带来销售的需求。

现实情况是，用户不知道未来的产品以怎样的方式才能更好地解决问题，所以，用户对产品需求提出的解决方案都是错误的。

举个例子来说吧，你拿着 iPhone 问用户，这个产品有什么缺点，每个用户都可以说出一些：屏幕太小、屏幕太大、金属外壳不喜欢、玻璃外壳太廉价……

但如果你据此做出一个用户认为的好产品,他们却不会因此而购买。

你一定会捶桌子:为什么?!

因为用户只是提意见,而不是在提需求。就算说出了痛点,你做出了一个改进后的产品,他们就会买吗? 也不一定,还有其他很多因素决定了消费习惯。

你还会继续问:为什么那些用户需要统计数据没能发挥应有的作用? 因为外在的统计数据只能反映现状,无法预测未来。

那么,对于创业者而言,如何发现市场机会呢?

# 先找到关键性的问题

一位伟大的企业家应该具有同理心,他的伟大首先在于他的平凡。乔布斯生前一直住在硅谷一个普通的社区里,他过的是普通人的生活,也了解每个普通人的需求。

当你准备创业时,需要把你发现的最关键的问题逐个拆分,拆到不可再分后,再和目标用户交流。

还有一种办法,就是留意当下市场存在的问题,比如大家对哪些地方最不满意、投诉最多。如果你能找到问题的根源,你或许可以借此找到关键性的问题。当发现问题以后,就发现了创业的机会。

# 机会是行动创造出来的

大概 10 年前,我和前同事(他现在正在创业)一起畅想未来。记得是在上海到杭州的火车上,我们畅想未来电脑的进化,要么是只有一个屏幕,无须键盘或者投影产生键盘;要么只有一个键盘,投影产生屏幕。

现在两者都实现了,但我们从来没有想过我们自己能做出这些产品,我们根本没有行动,这些预见也毫无价值。

王功权先生在做投资人时说过:你必须押上身家,这样即便我看不懂你的产品,我也相信你会全力以赴去做事。如果你只有一个想法,无论多么精妙,也没人敢投你。

机会不是就在那里的,机会是用信心和努力创造出来的。思想和现实的巨大差异,决定了能够找到解决方案并且真正执行的人寥寥无几。

# 问题错了,
# 永远找不到正确的答案

创业的核心是建立全新的产品方案,去解决正在影响用户体验的问题,其中没有路径可以遵循。

在整个探索中,创业者一不小心就会由先驱变为先烈。怎样才能降低失误的比例呢?作为创业者中的一员,我认为,我们做事的目的是解决问题。要想解决问题，首先要提出问题。如果你的问题错了，就永远找不到用户需要解决的方案。

在整个创业的过程中，乃至在整个人生的思考过程中，这句话都是金玉良言。

美剧中常有人会说：这是一个价值百万美金的问题。大意是你终于问到点子上了。如果你没有找对问题，你就永远不可能到达目的地。

我们以乔布斯为例。

苹果做手机的起因，是乔布斯觉得"现在的手机烂透了"，提出未来的手机应该是"电脑＋传感器＋手机"。这个构想当时没有任何现实资源支持，但是乔布斯认为这是一个正确的问题，只是还没有答案，那怎么办？一个一个解决问题，寻找答案。没有屏幕？找玻璃厂谈；没有触控技术？收购一家初创企业；没有 GPS 手机元件？与厂商谈定制⋯⋯

实际上，如果我们能够找到正确的问题，并且毫不妥协地去寻找解决方案，我们也能做出好的产品。

那什么是正确的问题？怎样提出正确的问题？

这个问题没有标准答案，试试以下提几个思路——

首先，找到隐含在普通问题之下的本质问题。

福特曾经说过，如果我问用户想要什么，他们会说"一匹更快的马"。我认为，这其中确实包含了用户的真实需求，但用户的想象力不够，无法预见有更新、更快的东西出现。汽车刚出现的时候确实不如马车。但它各个环节都有巨大的优化空间，当解决了速度、成本、道路等问题以后，马车就逐渐被淘汰了。

其次，进一步找出用户内心最隐秘的问题。

比如愿意购买 Apple Watch 的人，真的是用它看时间吗？人们真的觉

得智能手表不值那么多钱吗？人们到底为什么戴手表？

再次，找出根本问题以后，寻找解决问题的正确答案。

乔布斯和罗恩·约翰逊在测试苹果零售店半年以后，约翰逊告诉乔布斯："我们错了。"最初苹果零售店是按照产品线来分类，这样的陈列方式只能让用户选择是否购买，没有办法带来轻松的感觉，更没办法使用户沉浸其中。

于是乔布斯选择推倒重来。这一次，苹果零售店按照用户的使用场景重新构建，就是现在我们看到的学习区、展示区、天才吧等分类，从而取得了成功。

伟大的创新往往都有在接近成功的时候重新返工的经历，因为这个世界具有反身性——你创造的产品前所未有，而过去搭建的流程带有落后的东西，一旦新产品创造出来，就要重新梳理过去的流程。

返工以后还要进一步追问这一解决方案和问题是否匹配——这个真的就是我们想要解决的问题吗？我们真的解决了这个问题吗？如果在一遍又一遍的推敲中，你发现，无论任何情况出现，你的解决方案都确定无误，那你就可以说："没错，就是这样的。"

在我们考试的时候，都是先有一个问题，然后对应一个固定的答案。但是，当我们创业的时候，整个情形完全相反。我们准备好了纸笔，但是在解决问题之前，先要自己找出问题是什么，而且每个创业者需要解决的问题也不同。

所以，在解决问题之前，先要明确什么是正确的问题。只要问题对了，我们就可以找到一个解决方案。方向不出错，只要时间充足，我们一定会把问题解决掉。

创新也是如此。严格来讲，创新是创造力的伴生品。创新并不一定是全新的、未知的，哪怕你用别人早已遗弃的方法，只要能系统地解决特定的问题，那也是创新。

这一点不仅适用于创业、创新，也适用于我们平时所做的每一件事。当我们开始做事的时候，我们都要先想清楚，我们这么做到底是为了解决什么问题？真的能解决这个问题吗？如果你想清楚了，答案也就呼之欲出了。

# 为什么洞察用户
# 需求的能力至关重要？

对于创业者来说，唯一正确的事就是关注消费者未来的需求，创造并生产出伟大的产品。

要想生产出伟大的产品，就意味着创业团队都要服务于未来的产品，而不是老板的个人意愿。更意味着优秀的产品本身是所有人的"老板"，而管理层只是完善产品的"仆从"。

如果企业家能洞察未来产品的形态，确认它确实优于当下的产品，这样的产品就会征服消费者。就像营销大师菲利·普科勒说的那样，客户买的不是钻头，而是墙上的洞。

要做到这一点，企业家必须能看到未来的产品走向，并带领管理团队用各种手段去实现它。这时，洞察未来的能力就变得无比重要。

# 创业者必须自己拥有洞察力

链家创始人左晖说过，很多创业者都将失败归咎于执行力，但真实的原因是缺乏战略洞察。

将军打了败仗，回头总结经验，招呼一定是往自己身上揽，不可能指责团队不利（自己招募的）、时机不对（当时怎么想的）、没能及时融资（都不知己知彼就去打仗了？）……

所以，不要把解决问题的希望寄托在别人身上。洞察力不是成功的必要因素，但如果你想做出卓越的产品，取得卓越的成功，就需要拥有更广阔的视野。

# 如何把握并实现洞察的目标？

洞察只是做事前的准备工作，真的要把洞察落地，还需要耐心和驾驭力。

如果你留意每个伟大的创业者和企业背后的故事，就会发现他们都像凶猛的食肉动物坚忍，直到发出致命的一击。最强大的动物都是最懂得忍耐的动物，这需要极强的掌控力和驾驭力，无论是对自己、对外界，还是对事情的准确把控。

当你有了强大的掌控力和驾驭力，你就不会用短暂的成败来看这个世界。相反，你会坚定地向你看到的远方走去。

驾驭能力分为三部分，掌控自己、驾驭外界、驾驭事件。在反复尝试中，创业者要建立逻辑和优先次序,不断掌握驾驭的技巧,才能够一次解决一个大问题。

因此,能跳出当前的维度来看世界的人,会走得更远。如果把时间作为一个维度,能够站在未来的维度看世界,解决方案就会卓有成效。因为只有找到了问题的关键,建立路线图(逻辑),问题才会迎刃而解。这并不需要聪明,但却需要智慧。

# 随着洞察力的进阶,逐步优化决策

创业就是无中生有,做出一个好的产品,解决一个困扰大家很久的(甚至已经成为习惯或者传统)难题。在这个过程中,首先你要能洞察,拿到未来产品的原型,然后再逐步解决产品的实现问题。

洞察力只能来自创业者自身的思考和努力,无论是外部顾问还是用户调查,都解决不了这一点。

对大众用户再严肃的调研,也很难发现根本问题。当用户对调研的回答不必承担后果时,他们的真实想法很难体现在他们的表达之中。因此,创业者必须通过系统的逻辑分析,去判断用户表达之外的真实想法,而不是简单地相信他们提供的答案。

同样,外部顾问可以帮助创业者提出和找到真正的问题,但答案仍然需要创业者自己去发现。

在这个过程中,创业者只能依靠自己。而且洞察并不是一次性的,洞察是不断地思考、不断地犯错、不断地探索、不断地优化、不断地完善产品开发的逻辑,最终有一天豁然开朗。

# 面对风险，
# 你有正确的应对方式吗？

初创企业最大的挑战就是风险，十万分之一乃至百万分之一的生存概率，让很多创业者忙于建立商业模式以规避风险。在他们看来，那些成熟的大企业都是这样做的，职业经理人会采取各种措施控制风险。但是职业经理人的方式，并不适用于创业者。实际上，对待风险的态度，是创业者和经理人的显著区别。当我们在创业时，过多地考虑风险反而会阻碍发展。

面对风险，我们不应该厌恶和逃避，相反，我们应该以拥抱和驾驭风险的心态来面对它。对于创业者而言，面对任何风险，首先要学会的是正确地应对。

## 拥抱风险，才是风险最小的事

创业者都会评估风险，根据自己拥有的资源，选择相应的发展路径。

在众多的未知风险中，如果我们深入研究就会发现，大多数风险只要思考和研究足够深入，都有相应的解决方案，有些风险可以测量，有些风险可以避免，有些风险可以驾驭。

把鸡蛋放在不同的篮子里，这句话更适用于赚取风险利润。比如风险投资,比如对冲基金,其商业模式就是利用概率或数据来赚取风险差价。但从创业领域来看,这句话基本是错的,因为保护自己鸡蛋最好的方式就是放在一个篮子里,然后全力以赴地照看好鸡蛋。

联想、HTC、三星每年都出很多款新机,试图覆盖不同价格体系,但从产品角度来看,它们并没有太多的竞争力。究其原因,恰恰是因为不敢冒最大的风险,分散虽然可以不犯错,但却没有什么可取之处。在创新云集的领域,不敢冒险就是死亡的原因,创业就是这样一个领域。

# 迎接最难的挑战,成功才会最简单

一个企业中,最害怕冒险的是谁?答案是董事会和职业经理人。如果是上市企业,还包括华尔街的投资者。因为创新意味着不确定性,而不确定性就是投资者的风险。

但是,如果将两者画等号,显然是对企业、对产品创新的不负责任。

管理层总担心风险,害怕孤注一掷的挑战。即便我们回避风险,只做常规的工作,努力不犯错,我们也没有成功。

反过来,一家企业能够为了创造最伟大的产品去拥抱风险,孤注一掷,他们一定也会吸引那些艺高人胆大的怪杰。如果每一个产品都关乎用户的体验、关乎产品的创造、关乎公司的命运,那么公司的每个人必定具有更大的创造力。而恰是这种努力、专注,抵御了不确定的风险。

因此,在创业的过程中,我们必须敢于冒险,拥抱风险,才能成就最好的可能性。

## 学会测量和驾驭风险

实际上，必须要拥抱和驾驭风险，才有可能避免风险。

因为风险恒在，所以驾驭风险才是风险最小的事，逃避风险反而无助于成功。

但是，风险只有被准确识别，才有可能被成功规避或解决。因此，我们每件事都要无数次反复尝试、摸索，发现潜在的风险，不断揣摩、接近它们。

一旦你开始创业，就要学会拥抱和挑战风险，感受其中的乐趣。然后不断地尝试驾驭它，当然这不是让你毫无准备地去"送人头"，而是在一次次的犯错后，找到更好的道路。

而那些风险，只要你能掌握和驾驭，不仅不是风险，反而是未来的机会。学会拥抱和驾驭风险，这是创业者的必备修课。

# 为什么说基于假设的
# 假设一定是错的？

作为战略思维的一部分，这个问题是最容易被创业者忽略的。创业者决策时依据的信息站不住脚，哪怕后期修正和完善，仍会发现无法落地。

创业者在决策之前，最好拿出纸和笔，列出创业所需要的所有前提条件。看看哪些是你能掌控的，哪些是有可能掌控的，哪些是还没有把握的，然后当下的主要工作是把前置的条件彻底搞定,或者说,基于你能掌控的资源做决策。

## 现在用来做决策的信息都靠得住吗?

刘强东说,电商不交税就是耍流氓;马云说,电商不仅不应该交税而且应该减税、免税。谁的说法是对的?

大咖说的,投资人说的,就是对的吗? 他们会站在你的立场和角度,给你最有价值的决策吗? 还是他们只是在为自己的利益鼓吹,为自己做公关?

不仅别人说的话可能站不住脚,就连你自己做的事,都可能只是假设出了一个前提,你在这个基础上做决策,就可能会犯错。

创业者根据假设得出了一个结论,然后在这个结论之上再做决策,这就是基于假设的假设,是没有意义的。

## 如果你没办法使用假设的成果,就不要做下一步的分析

"假如我中了 500 万元,我就可以创业;创业成功以后,我给在座的各位每人 100 万元。现在,请大家每人给我 1000 元。"如果有人说出这句话,估计没有几个人会当真。因为第一步就是来自假定,第二步是在这个基础上再假定,即便每个成功的概率都是 10%,合起来的概率也变成1%了。

对于创业者而言,也是如此。你可以想象:如果我能获得 1000 万用户,我

的企业就能活下去。但此刻,创业者需要的是怎样获得 1000 万用户。第一步没实现就开始第二步的行动,项目根本就不可能活下去。

# 只有逻辑是可信赖的,别人的观点和自己的愿望都可能是错的

聪明人都是懂得抓住机会和把握机会的人,创业必须守正出奇。

如果说打工的时候还可以偷懒的话,那么创业就没有可以偷懒的地方了。创业者必须把每个细节执行到位,把公司的基本架构梳理清楚,建立可以信赖的逻辑体系。

# 如果无法落地执行,再准确的判断都没有意义

如果你能够弄懂"基于假设的假设没有意义",我们就可以进一步来谈这个问题。

创业不仅需要准确的决策,更重要的是,要能够执行决策。成功的创业者和失败的创业者最主要的差别就在这里。

有的人发现了一个真的问题,自己也构思了一个好的产品,但是,自己根本就不具备实现这个产品的资源。想要成功,就必须找合伙人或者投资人,以弥补缺失的资源。这时就存在一个问题,可能投资人或者合伙人看不到你成功的潜质,也就"偷走"了你的灵感。

所以,对于创业者来说,最重要的不是"谁给我 1000 万元,我就能打败谷歌/阿里巴巴/苹果",而是怎样把假设的第一步先实现,然后再逐渐实现

第二步、第三步。记住，无论何时，都不会有别人替你实现第一个假设，只能靠自己。

# 除非形势倒逼，
# 不要轻易做出改变

创业是一次孤独的旅行。对于创业者而言，很多时候要相信自己的直觉，而且要坚持到底。所谓"坚持到底"，就是除非找到了更好的道路，除非形势倒逼着改变，否则，就不要轻易改变。在下一个方向出现后，再调整当下的创业决策，方为上策。

## 你要解决的问题有无数个细节，确保你在解决最核心的问题

有个创业者做了一个还不错的网站，有了一定的知名度后，他觉得网站不好看，想要改版。

当时我给他建议是：你要解决的核心问题不在这里。无论是创业者，还是投资人，他们更关心你网站能提供的产品。只要产品越来越好，他们就具有黏性。现在网站是粗糙一些，但是这些不是他们最关心的问题。等产品趋于完美、核心用户趋于饱和后，我们再拿出精力来改版也不迟。

为什么我会这么说？如果说大企业每天要解决上百个问题的话，创业

企业就等于一次要解决上千个问题。每个问题看起来都很重要，所以一定要有取舍，盯着最核心的问题去努力。对一个产品而言，早期只要解决用户的核心问题，就会有用户买账。

回头再说一下那个创业者。他很满意自己想到就做的执行能力，迅速做了改版。这时刚好有投资人感兴趣，他带着新模板兴冲冲地去演示，结果演示过程中网站崩溃了，那笔融资也就不了了之了。

## 改变是为了更好，你确定这一点吗？

创业过程中的每一次改变——无论对错——都是对团队的一次考验。明确了这一点，创业者就会明白，无论是创业项目，还是产品细节，包括团队管理，决策之后都要学会静观其变。

对于创业者而言，决策应该保持一定的稳定性。或者说，只有不会轻易改变的决策，创业者才能说出来，告诉团队。

那么什么时候需要改变决策呢？我的答案是，确信找到了更好的改进方案，或者优化了此前的产品方案，这时，我们就可以付之于决策。

从这个层面来看，用户很多时候提出的意见，可以暂时搁置；甚至看起来很好但是还没有想明白的决策，也可以搁置。只要没有完全弄明白新的决定意味着什么，那么改变就是增加了不确定性。每一个改变必须是确实的、肯定的、没有疑问的。

# 形势倒逼是进化最好的开始

创业者的第一要务是做好自己的主营业务。比如，有用户反馈界面太丑了，跟不跟进？我的建议是，除非你觉得最核心的那块业务已经很完善了，否则你就专注做好核心模块就好。凡事都有人有异议，但你只需要盯着当下最关键的那个点，其余的都等等再说。

当你解决了核心问题，用户也稳固增长，界面确实影响到了用户的心情。这时，界面的美化逐渐成为最高优先级。当主要矛盾解决了之后，原来的次要矛盾就变成了主要矛盾，必须立刻解决，这个时候再去解决也不迟。

当然，形势倒逼并不意味着创业者毫无作为，坐等问题发生，再手忙脚乱地解决。形势倒逼是要求创业者在做决定的过程中，慎重再慎重，不断思考和观察事物的细节变化，确定形势进展，再做决策。这个过程就意味着，每时每刻创业者都在头脑中进行着各种决策的沙盘推演，以确保每个决定都有价值。

创业者必须要有战略，战略是创业者的蓝图。构建蓝图，然后用逻辑完善从现在到未来的路线图。

只有清晰可行的逻辑，才能帮助创业者实现梦想。 没有逻辑，一切都无从谈起。

在战略落地的过程中，创业者需要梳理好蓝图上每一条线的逻辑，理顺各自的对应关系和相关联系，然后以优先的事项为纲，必要的事项为目，牵一发而动全身，做到纲举目张。

第三章

管理入门：学着做
出正确的决策

# 企业家精神:
# 创业者该如何成就自己?

当我们提到管理的时候,往往习惯地以为是管理别人,但实际上,管理最核心的是自我管理。

现在很多读物都是告诉创业者如何发现别人存在的问题,但是很少有帮助创业者进行自我反思的文章。当创业者决定创业的那一瞬间,一只脚就已经迈进了"九死一生"的"九死"之地,需要多少次死去活来,才会有未来的"重生"。

对于创始人而言,自己的每个优点、缺点都会通过创业无数倍地被放大,一旦你有侥幸心理,下面的人就会效仿;一旦你朝令夕改,整个团队也会茫然失措。如果创始人不能以强大的毅力自我克制,不能改变自己的缺点和坏习惯,那企业必定险象环生——哪怕到了 C 轮、D 轮。

那么,对于创业者而言,应该如何从零开始构建自己的企业家精神呢?

# 优秀是变优秀的过程

优秀是一种做事习惯,优秀是变优秀的过程。优秀的前提是承认自己不优秀,承认自己有很大的进步空间。与此同时,优秀也意味着可以把想法简单清楚地传达给团队的每一个人。

意识到这一点,你就会对自己有要求,不断思考,不断进步,并说服身边的人与你同步。

# 内心常怀恐惧,但愿景坚定不移

简单来说,你根据掌握的资讯和对市场的了解,来预测市场走势并且据此做出决策,因为你自身的参与,你的决策和行动也反过来影响、改变了市场原来固有的判断和认知,两者不断相互影响,进而共同推进未来的走向。

内心怀有恐惧,应该是创业的常态。因为恐惧,内心会对产品、市场、需求一遍一遍地预演,不断地推倒重来。这种恐惧一时无法停止,只有这样才能一次次突破自己的极限。

# 学习力和创造力

著名经济学家张维迎认为,真正企业家的决策不是选择手段以满足给定目标的,而是寻找可选择的目标和手段本身。企业家精神的高低很大程度上取决于这些选择能力的高低。换句话说,管理者是使用工具,企业家是创造工具。管理者是实现目标，企业家是创造目标。

我认为张维迎的解释非常到位。给定目标和选择目标之间相差百倍甚至万倍的工作量，需要更为强大的学习能力和创造能力。以决策为例，决策基于信息，而信息除了全面性、权威性，还必须要对信息本身进行准确的归纳和提炼，这就要求创业者能够简化、深入地把握最核心的信息。

# 天马行空和脚踏实地

什么是天马行空？熊彼特说，创新就是一种新的组合，一种产品或技术从无到有一定是组合而来的。为了获得想象力，无数人进行了无数研究，最终大家能说的，无非是打破常规、重新组合以及破坏旧有规则等。

什么是脚踏实地？在天马行空的背后，能够俯下身子，成为产品的监护人，和团队成员一起，为产品发挥最大的心力。因此，脚踏实地的创业者应该通过愿景、逻辑和原则推动产品，而非靠个人情绪、主观臆断以及没有明确根据的决策来做事。

# 激情和爱

激情让创业者可以战胜贪嗔痴的本性，从而激发最大的创造力。爱会让创业者具备一颗同理心，做到"老吾老以及人之老，幼吾幼以及人之幼"。这两项可以给公司树立基本的企业文化。

## 始终让企业能活下去

创业的开始，是因为你看到了别人没有看到的机会，你有信心改变别人无法改变的困境。但这一切只有当企业活下去的时候才有机会，而创业者就是要让企业持续地生存下去。

以上原则我自己常常隔一段时间就反思一次，我认为每个创业者都应该经常自我反省。

# 你和产品，谁是真正的老板？

很多人错误地理解了创业，他们往往只看到了老板的权力，而忽略了老板肩负的责任。而想要做一个成功的创业者，这些权力必须要用在对产品负责上。

我观察的那些成功的创业者，他们都不是以自我为中心的，而是以产品为中心、以用户为中心。也就是说，创业者必须倾听产品的声音，淡化个人的喜好，坚持一切为了产品，坚持把产品当老板。

## 为什么要把产品当老板？

创业了自己并不是老板？要比打工时更加守纪律？那创业还有什么

乐趣？

很多创业者一旦创业就彻底放飞自我，一切都以自我为中心，这样做的弊端是非常明显的。随着自己的性子折腾。

首先，产品的概念会越来越模糊。大家都不仔细思考产品到底应该是什么样的，转而去琢磨老板到底喜欢什么。所有的产品决策都由老板决定，这既增加了老板的负担（虽然也显示了权力），也让专业人士没有了用武之地。

其次，大家缺乏了讨论的基础。只想着老板会喜欢怎样的产品，这在没有讨论的杂音的同时，也没有了创造力。

最后，降低了整体效率。把产品当成老板，整个团队都直奔产品的目的地，由于目标明确，每个人都可以提出改进意见，让产品变得更好。如果一切听老板的，那么大家在做产品时首先要服从老板的意志，说服老板，然后出了问题也无法找出责任人（因为老板首肯了），整体的效率就会大幅下降。

# 为了产品而专制，为了产品而妥协

把产品当成老板，就意味着创业者的身份从发号施令者变成了产品的传令员。没错，创业者说了算，但是你是在替产品说话，自己的个人喜好也要放到一边。

以乔布斯为例，乔布斯一度被认为是独裁和专制的，专制的程度超过了很多普通人理解的范围。乔布斯也有很多妥协的地方，iPhone 最开始并没有开应用商店的打算，但董事会的一名董事 10 余次打电话给乔布斯，最终推动了软件商店的诞生。在开发 iPad 时，乔布斯一开始打算采用英特尔的

芯片，但 iPod 之父托尼·法德尔坚决反对，认为此前一直使用的 ARM 芯片更适合。"我怕了你了。"乔布斯最终妥协了。

这是"以产品为老板"的创业者必须具备的一种素质——为了更好的产品而妥协。乔布斯是产品的监护人，他只是阻止糟糕的产品，却从未阻碍优秀的创新。同样，每位创业者也应该成为更好产品的首席雇员和第一责任人。

# 一切以产品为核心

如果把产品当成老板，就需要创业者认清自己的位置。

首先，你自己最擅长的领域是什么？

其次，你对产品的了解是什么？

再次，你在团队的角色是什么？

最后，你以什么为锚点撬动整个团队？产品不会自己说话，该怎样评判每个人的努力成果？该怎样激励大家创新和不怕失败的精神？如何定义创新的成功和失败？你需要找到激励团队的锚点，并以此建立一套完整的激励标准。

这样，整个团队有一套大家都认可的激励标准和评价体系，这会让所有人都积极参与到产品中来。

让产品成为真正的老板，此事殊为不易。因为原本按照自己喜好就能决定的事，现在必须得以产品来衡量，而产品的衡量标准是目标用户和未来愿景。创业者由老板变成了裁判，掌控力必须来源于对产品准确度的把握，这又要求创业者自己成为整个公司里思考最多、对产品理解最透彻、能够切实带领团队向前的领航者。这些看不见成绩的幕后工作，才是创业者的价值所在。

# 都说要管理，
# 你知道该管理什么吗？

管理到底是什么？

一般的小生意谈不到特别的管理，但一旦形成了组织机构，就必须通过管理才能提高效率。这中间涉及管理的专业学习，创业者必须想清楚到底要解决什么问题。

创业是为了解决问题，有的创业者忙着思考，一个礼拜才想明白一个决策，不断在整理"逻辑"。有的创业者忙着决断，每天都要做出几十个决策，存在感爆棚。

两者有什么不同？后者虽然忙于解决当下的现实问题，但缺乏制度的保障，每天的问题都会层出不穷；而前者虽然没有把眼前的很多问题立刻解决，但在制度化思考之后，能够真正杜绝某些问题的再发生，真正地解决问题。

在我看来，前者才是管理的精髓。

## 管理就是用一个目标，推动整个团队前进

管理不是事必躬亲，而是告诉每个人为什么做、做到什么程度，推动每个团队成员自主向前。最好的管理，就是每个人只要按照这个目标和规则去努力，就会推动公司的进步，就会推动员工的自我提升。

## 没有找出核心逻辑，管理就注定失败

对于创业者而言，找到了企业的目标还不够，还要建立固定的、具有延展性的操作流程，能够指导每一个人了解并适应这里的工作。

创业就是把自己的能力沉淀在流程里，让团队把价值放大成百上千倍。

企业存在的最大价值，就是依靠制度来赚钱。如果缺乏制度，凡事都要亲自做决策，每次都是随机应变，就缺乏了企业存在的必要性。

因此，管理最主要的是要让企业找到自身存在的价值，要让团队的每个人能够发挥作用，同时确保决策能够精准地执行到位。

## 团队的价值

管理要建立和完善企业制度，对于创业者而言，这个制度不应该是照搬其他人的，而是搭建属于自己的流程体系。

这样，团队成员不仅可以更好地胜任工作，而且一旦遇到问题，大家可以根据制度去解决问题；如果制度阻碍了发展，大家也会修改制度、完善制度。

## 管理的重点是理，而不是管

简单地说，"管"是要负责任，"理"是要理清楚。

　　创业本身是从无到有的过程，管理也就需要花费更多的心力。很多创业者以"这是在创业"来搪塞工作流程的不完善；都很辛苦，但就是不得法，问题的关键就是没有理清楚。

# 重构工作流程

　　管理的核心是"理"，是建立流程，把创业企业的核心竞争力沉淀到流程里，让整个企业为实现特定的目标而努力。

　　一个团队能发挥多大效力？这基本上取决于创业者构建的工作流程。要想让团队发挥最大的价值，首先创业者要能够构建出可迭代的工作流程，让大家能够更容易完成工作。

# 如何构建流程？

　　以下几个原则必须认真考量：

　　首先，不必在乎别人是怎么设定流程的，只要能够更好地服务于自己的公司，这个规则就是可行的。

　　其次，要把最具有知识含量的、最具有竞争力的部分沉淀到流程里。

　　最后，要确保人尽其才，物尽其用。也就是说，要给每个团队成员以更大的舞台，让团队成员越来越优秀。

## 管理是创业者的责任和义务,而非权力

微软前高管曾说过,管理者不能只会分派任务,否则会导致领导层级无限增加。

为什么会这样?因为管理不是直接管理人,而是要建立让人更好发挥创造力的外部环境,建立让产品充满价值的工作流程。所以,管理是创造者的责任和义务,而非权力。

除此之外,创业者还须牢记:管理最终要解决的是你最初提出的那个问题,因此在设定工作流程和督促产品方向时,要牢牢记得最初的问题,然后把问题细分,最终实现企业目标。

# 假定你是错的,
# 然后向所有人证明你没错

创业者在遇到问题的时候,不能去指责或者分析他人的问题,而要把所有的责任都揽过来,就是自己的问题。如果创业者意识到这点,创业基本上就会在正轨上。

# 无论谁的错，都是你的错

经常有创业者担心，承认自己犯错会降低自己的权威。我想说的是，如果你做错了，你的权威已经在削弱了，而不承认自己的错误就会导致权威进一步削弱。

所谓的错误，并不一定是你的决策本身错了，也有可能是没建立清晰的流程、没交代清楚所有的细节等。这也不意味着你要去认错，但确实需要你积极去改进，消除各种现存的问题。此时你不仅是在解决问题，而且是在消除后续的隐患。

# 自己做对还不够，必须要清晰地告诉别人你的逻辑

所有的问题都是创业者自身问题的投射。想解决问题之前，先要解决自身的问题。即使企业者自己已经弄懂了公司的商业逻辑，但还不够，还需要清晰地告知团队的每个人，要让团队成员都能"秒懂"，并且感受到创业的力量。

说服团队，激励团队，让团队信服，最终成就团队，这是创业者的本职工作。

# 当问题出现时怎么办？

这就需要用到前面的核心逻辑和操作流程了。比如，遇到问题时，首先要回到创业的初心和愿景，讨论基本框架是否发生变化。然后找出有分歧

的地方,再对应短期、长期的不同影响,对比模式、品控和校正的各个逻辑,进行比较、讨论和梳理。

总体而言,当问题出现的时候,恰好是结构调整的良机。不断地梳理问题,理顺操作流程,最终提高团队整体的沟通效率。

# 怎样才能获取
# 最有价值的信息?

从唯我独尊到成为产品忠实的仆人,你扭转过来自己的定位了吗?只有足够谦卑的人,才有机会展示自己真正的强大。

## 没有全面的信息就无法做出正确的决策

创业其实就是信息争夺战,创业者掌握的信息越全面,越有利于做出准确的决策。信息不会主动呈现在创业者的面前,需要不断地去深度挖掘、去加工处理、去甄别判断。

## 如何挖掘信息?

获取信息不仅仅需要多方搜集,还需要多加思考,把外界各种零散的信息碎片通过思考组织起来,还原事实的真相。

想要获得全面的信息，创业者需要做到如下几点：

首先，用逻辑连接事实和数据。逻辑是一切知识的核心。如果没有梳理出完整的逻辑体系，信息则显得杂乱无章，那么即便非常重要的信息，创业者也可能会遗漏。

其次，用事实和逻辑去推演，而不是直接使用信息。分析信息时要带着自己的判断，论点、论据和论证互相支撑吗？有没有有遗漏？会不会出现黑天鹅事件？

再次，抛弃主观偏见。如果创业者一开始就带着自己的主观偏见，那么在获取信息的时候自然也会同样陷入偏见，就不会有所收获。

最后，要多个维度反复比较，正确判断信息价值。

信息不是孤立存在的，信息和信息会相互作用。因此，当我们判断信息价值的时候，需要彼此印证。

# 处理信息的同时，自己学会新陈代谢

处理信息并不是一件特别容易的事，需要创业者不断地学习，提升自己的能力。

因此，创业者一定要进行知识体系的新陈代谢——不断吸收新的知识，将陈旧的内容排除掉。唯有如此，才能不断进步，才能对信息做出更好的判断。

# 如何确定你做的决策是对的？

在和很多创业者沟通时发现，愿景与实际执行有非常大的偏差。决策要想得到执行，就不仅仅是下达决策而已，还要让团队每个人都从内心里接受决策。

## 从愿景到决策

在创业的过程中，决策是最重要的优先级。

有创业者认为产品最重要、有创业者认为运营最重要、有人认为设计最重要，在我看来，这些都是次要的。最核心的问题是企业的愿景，以及由愿景而来的一系列决策。

你的愿景决定了你是谁，要选择什么样的人，做什么样的事，遇到问题有什么样的解决方案。而这一系列的决策是否与你的愿景正相关，是否能推动你的愿景向前，又构成了创业企业发展的核心。

如果说任何一个信息的错判都会让决策失误的话，那么任何一个决策的失误都可能让创业企业偏离航向。失之毫厘，谬以千里。创业者应该意识到，任何一个决策都应做到长期优先、短期有效，不应该是各种临时的妥协；要考虑到整个团队的成长和进步，对团队所有人负责。

# 做决策的基本原则

每个人每一刻都在做决策，大多数时候，这些决策无足轻重，醒了以后是否立刻起床，先刷牙还是先上厕所，今天的工作是早上做还是下午做……但对于创业者而言，每一个今天的决策都决定了企业明天的发展。

很多创业者以为自己在做决策，其实根本没有。

当创业者准备做决策的时候，要清楚三个原则：1. 你是决策的发令者，同时承担 100％ 的责任，哪怕这个决策是下属建议给你的；2. 你的决策必须是客观的，而且符合公司和个人的长远利益；3. 你的决策不会轻易改变，但路线可以动态调整，以达到最优解。

# 凡不确定，不必决策

对创业者而言，不仅要问结果，还要管控过程。

在一个可以量化的时代，只有过程正确才有价值。这句话不仅是对员工说的，更是对老板、对创始人说的。一个成功的企业就是要通过建立规范的流程不断放大团队创造的价值，如果流程缺乏控制，企业必然无法长大。

当然，这个过程中，你会发现，很多问题你并没有想透彻，也有很多事逻辑不清晰。怎么办？学会拒绝。只有想明白的、最具有价值的、必须要解决的、和愿景相关的才去做，其余的都不必做。

# 做出决策后，接下来
# 最关键的一步应该是什么

创业者就算有了决策，也不要急于落地，可以稍微沉淀下。

沉淀什么？确认可行性，剔除外在干预，核实内部漏洞。在这一过程中，就算同行抢先也没关系，有人帮你探路搭桥，为什么要着急呢？创业从来不会因为一时某个人跑得快就决定了结果，掌握自己的节奏，才是最重要的事。

## 内在逻辑的推敲

短期取得效果很容易，很多时候就是加个班、抢个先的事，但是要让这些短期行为符合长期愿景并且一直发挥价值就很难。好处不够明确，隐患又凭空增加，在没有想清楚之前创业者要谨慎决策。

## 外在更大逻辑的适应性

每个想法从灵光一闪到落地生根，中间有太多的路要走。

很多时候，一个小范围成立的逻辑，未必能够在大环境下生存。例如O2O用补贴换用户，短期内这个模式可以达到发展的要求，但是长期来看，却不可持续，而且无法抵御外来竞争。

如果灵光一闪就去执行，错了就扔掉，再来一个灵光一闪，最终伤害的不仅是创业项目本身，还有整个团队成员的信心。把想法沉淀几个月，也许就能找到可以落地的具体方法。

沉淀一个决策一段时间后，再以第三方的视角来审视这一决策，重新发现内在的不足之处，打破已有的逻辑定势。

## 每一个决策都至关重要

在创业领域，从来不缺好主意，缺的是"路"和"桥"。想到一个点子，做出一个决策，距离决策被完美执行还有十万八千里。确立一个远景目标并不难，难的是如何逢山开路、遇水搭桥，难的是如何利用自己的资源优势把目标逐步变成现实。

仓促上马的项目，会在不该摔倒的地方摔倒。因此，从做决策到落地执行，创业者一定要确认逻辑，做到精准无误，再全力以赴。

# 为什么决策对了，
# 执行却常常出错？

创业就是一场不断向前的加速跑，不同时期创业企业的侧重点不同。能否在不同的时期做不同的事情，在不同的时期把不同的事情做到位，这考

验着创业者的做事节奏和驾驭能力。

比如在开始的阶段,最重要的是找出目标用户的核心痛点——需求到底是什么?如果找不到真正的痛点,或者没有找准目标用户,后面的所有努力都没有用。

但是即便创业者做出了正确的决策,也不意味着万事大吉。如果执行不到位,创业企业就会错失良机。

# 掌控全场

掌控全场是要让大家逐步认识到创业企业自身的逻辑,并能遵循这个逻辑来运转。

整体来看,掌控全场主要体现在创业的节奏上。

凡事不要操之过急,先把业务闭环梳理清楚,证明自己构建的商业逻辑可行,那就更具掌控力了。

# 如何提高驾驭能力?

要把关键的知识点沉淀到流程中,只有这样创业者才更有掌控力。

而要确保每个环节都可控,团队成员的分工就要简单清晰。在确定了团队成员的分工后,部门之间也要职能清晰。

在决策时,要反复确定流程的通畅性,确保每个环节的可控度。整体不失控,是驾驭能力最好的体现。

# 遇到危机时的掌控力

创业会遇到各种难关，有些需要突击解决，有些则需要停下来思考。每个难关对创业者临阵指挥的能力都要求甚高。在驾驭的过程中，一定要有节奏。所谓的节奏，就是把大家的日常工作分解成预备、起跑、冲刺、庆祝/反省，让大家能够一步步地攻克目标。

# 创业者如何找到合作伙伴？

对于创业企业而言，寻觅人才非常不容易，接下来我们来讨论如何寻找创始团队。

创始人层面的核心团队并没有固定的组建方式，但是能够长期合作的应该有以下几种情况：要么彼此充分信任，要么彼此都非常职业，要么彼此初心、愿景、价值观高度认同。相识多年未必能挺得过创业一年，萍水相逢也可能找到知己，这中间最重要的是团队的核心目标和沟通方式。

作为团队的组建者，或许你可以从以下几个方面思考合作伙伴的搭建。

## 短期共识和长期共识

愿意创业的人都不缺乏冒险精神，大家短期共识一致，很容易走到

一起。

但是越到后面,核心团队内部的认知分歧就会暴露出来。这时,如果创业者能够快速调整并且协调整个团队,那么整体还能持续发展;如果创业者未能调和后续出现的分歧,团队就可能因各自的利益和想法不同而分化瓦解。

这种事情并不鲜见。起初大家都各自从短期利益考虑,因而能达成共识;随着创业的深入,发展方向也在前进中越来越明晰,深层次的问题以及对长期共识的差异也就体现出来了。

优秀的创业团队和认识多久没关系,和是否意见一致没关系,和是否有核心领袖也没关系,真正有关系的是价值观、愿景以及大家坦诚交流的程度。

## 用愿景吸引最优秀的人

创业者应该用产品逻辑和远期愿景去和外界对话,这一点也同样适用于寻找合作伙伴。

如果创业者能够非常明确地阐述自己的核心目标,那些优秀的人会看到,并且愿意参与到这场奋斗中来。

当然,要说服这些优秀的人加入,仅有愿景是不够的,创业者还必须拿出清晰的产品路线图,怎样一步步、一环环地去实现目标。优秀的人才自己心中往往也有判断,因此会一一对照。如果彼此基本一致,大家就有了长期合作的基础。

# 引入合作伙伴以后的管理

我见过有的创业者，在引入合作伙伴时说的一套特别好，对方想要什么都答应，一切想法和愿景都没问题。但等到合作伙伴入职以后，就拒绝执行当时的口头承诺，所谓"此一时彼一时"。

凡是这样的创业者，基本是看不到成功的希望的。

但上述问题在创业团队中屡见不鲜，其实问题是出在创业者身上。

合作伙伴一开始达成一致，后续不应轻易推翻此前的结论。若要更改，应该双方坐下来，根据最新的境况一起谈一谈。

如果创始团队之间都做不到言出必行，最终创业的结果一定会受到这个因素的影响。

不要高估自己言行的一致性，很可能你认为你没变，但是你的认知、判断和决策早就不一样了。把每件协商一致的事都记录下来，无论别人是否在意，自己都要提醒自己。

对于创业者来说，开始是你找合作伙伴，后来就是别人来找你，要学会用制度给团队最好的约束和保障。只有这样，你才能找到患难与共的合作伙伴。

# 创业者应该怎样培养
# 属于自己的人才?

创业者开始找人很难,但是,宁可半年招1个人,也不要仓促上马,找一堆并不适合的人来。最开始招募的人决定了企业文化的走向,如果你的企业能长大的话,这些人就是未来的核心管理层。因此,这些人应该是精挑细选的,确定其能成为大厦的基石。这个过程宁可慢,也不要放低自己的要求,胡乱招人。

创业初期,想要找到心仪的人才很困难,有没有一定的方法可以参照呢?除了前述的一些内容之外,下列方法也可以帮助创业者招募和培养专业人才。

## 做人才的天使投资人

培养人才,首先要招募到最具潜质的人才胚子。

和现有人才不同,潜在人才很容易、也很愿意到能让他崭露头角的创业企业中来。你需要的只是展示出你的愿景和可以实现的路径,如果恰好你还有上佳的人品,那么几乎可以肯定吸引到潜在人才。

潜在的人才要升格使用。潜在人才在等待机会,骨子里都有股劲儿,只要你敢激励、敢放手,他们就会迎风成长!

怎么识别潜在人才呢？我的几个判断标准是：品质要好、自信要足、冲劲要有；不怕犯错、不怕批评、不怕吃苦；既敢于质疑和表达不满，又能听得进意见。

如果有这些特质，同时又有清晰的个人目标，基本上就是人才的胚子了。优秀是不断变优秀的过程，但凡一个人坚持每天这么做，无论起点多低，都会成就一番事业。

所以，创业者打造团队，也类似于天使投资，比别人早走一步，然后充分授权、充分信任，最终打造出属于自己的优秀人才。

## 耳提面命，手把手教

创业者应该首先反思自己：有没有耐心培养人才？有没有形成人才培养的方法？

很多创业者觉得招人就是为了直接能上手干活，创业团队没有时间去培养人才。即便觉得不满意，也缺少培训机制，而是直接批评，责令其迅速改进。但是，这样做有一个问题，如果你没有亲自打磨新人、没有亲自带队、没有把所有的坑都走过一遍，你就没有自己的方法论；如果没有方法论，就不能建立完整的逻辑去培训人才；如果你不能拥有属于自己的人才。

任何创业公司一开始都要解决人才问题，最好的办法就是言传身教。让别人做的事，自己先做好示范，然后考虑年轻人的消化能力，给足其成长空间。

有些创业导师说，要找到比你强的人来帮助你，但这是后话了。首先，大多数创业者都很难招到比自己强的人；其次，创业者要先把初创企业做成

"香饽饽"才有可能实现这一想法。

如果你没有自己带着团队摸爬滚打，只是在上面发号施令，你就没有属于自己的团队，只有一群上班的人。

## 分解和重构业务流程

创业者要把复杂的工序拆解，变成容易实现的业务流程。这是考验创业者功力的地方。

这其中最好的案例是福特。福特之前，汽车是专业人才才能做的事。而福特建立了生产线，让没有技术的普通工人都能生产出汽车。

要做到这一点，首先，需要整个创业公司都在做"一件事"，而且只做"一件事"。其次，每个人负责的事贯穿始终，每个人都是直接责任人。最后，每个人都要成为这件事不可或缺的一部分，所做的工作得到尊重，也有可以拿得出手的作品。

业务分解和重构后，还要给团队成员提供向上发展的空间和可能性，让每个人的进展都有目共睹，这样团队才会自行去磨合。

# 如何激发每个团队
# 成员的最大潜能?

想要让每个人都发挥最大的潜能化，需要整个团队有非常好的协同机制，让每个成员都更好地成长起来。

因此，完善公司制度，激发每个团队成员的最大潜能，就是创业者必须思考的事。

# 优秀团队的条件

创业者必须带领团队思考清楚，我们为何要做事？我们要做的事是什么？一旦大家都清楚了公司的未来目标，大家就会集思广益，给出到达未来最快的路径和最好的办法。

创业者要为打造一只优秀的团队而建立一整套机制。

第一，大家的产品思维须达成一致。

第二，团队的所有责任由团队成员共同承担。大家共同努力，并且为自己在其中做出的成就而感到骄傲。

第三，团队的绩效不仅取决于团队成员的个别贡献，更取决于所有团队成员的集体努力。团队成员应该都想着做到更好，而非仅仅完成任务。

第四，团队必须有一定程度的自主性，不能只是被动地响应上级的命令或要求。

第五，任何时候都要信赖和仰仗我们自己的团队。

只有创业者坚信这几点，团队才会以此约束自己。通过团队的努力和配合，最大限度激发团队成员的上进心，从而发挥潜能。

# 向团队成员阐述清晰的愿景

如果一个企业找不到业务方向,总是为了生存而挣扎,员工自然也觉得茫然,最后就会动力不足。同样,一个创业者自己不清楚方向,又没有和员工一起探讨和摸索,最终团队也会离散。

所以,创业者要向团队成员阐明清晰的企业愿景,不仅要告诉大家企业要往哪儿去,还要帮助员工找到自己的方向。

每个人都为产品的诞生付出了清晰可见的努力,也得到了清晰可见的成果,每个人都有了存在感和成就感。

# 让每个团队成员都找到自己的价值

如何能够让每个人更好地做事,是创业者一开始就应该积极思考的。

前文说过,一个初创团队应该只有一个目标,中间的实现方法和过程可以变,但愿景不能变。这样会让大家一直聚焦在一个问题上,随着实践的探索,大家的思路也会越来越丰富。

让每个人做事都感觉到自己存在的价值,创业企业就要保持"一致性原则"——即所有人的所有事,都在团队认可的情况下去完成,大家一起打造一款产品。最怕的是,大家各有一个目标,实际操作中各自为战。

一旦明确了上述内容,创业者就会发现,团队规模并不是成功的必然前提。苹果的很多软件都是几个人就开发出来了,如果你也能让团队找到他们存在的价值和意义,团队的爆发力会创造出很多奇迹。

# 团队管理之
# 如何杜绝"大灰狼"的出现?

所谓"大灰狼",指的是那些才华出众,但是和公司发展方向有分歧的人才。相比"小白兔",他们的破坏力很大,说话也更有分量,而且造成的伤害往往很难挽回。

在创业初期,核心团队的建设一定要果断,而且标准一定要清晰、透明。仅有这些还不够,要想杜绝"大灰狼"的出现,我的建议是慢慢招人、快速淘汰、积极善后。

## 慢慢招人

对于创业团队而言,大多数时候招聘人才如同大海捞针,非常艰难。这个时候,一定要在开始的时候就明确当下职位的职责、要求等。而且,早期招人要做到以下两点——

首先,标准不能放松。对比当下团队的工作量,制定出相应标准的招聘要求。

其次,招人数量要少于核心团队。假如开始的时候,核心团队只有 3 个人,那么建议招人时不要超过 2 个人。如果 3 个人还不够团结,在取得共识之前就不要招新人。这样才能确保团队大方向一致,新人遵守公司的规范,

大幅降低分化程度。

如果3个人的团队一次性招聘了10个新人，一旦中间出现失误，10个新人的影响力可能会超出核心团队的掌控范围。因为他们普遍还没有融入公司之中，很容易出现另外的文化氛围，最终影响公司文化。当公司需要调整人员结构时，他们可能还会站在同一边，指责公司的决策失误。

## 快速淘汰

初创企业应该在团队内部反复强调自己的人才观、价值观和创造力，要把"大灰狼"、"小白兔"、自作聪明的人的症状都列出来。这样，当问题出现时，大家就会对号入座。

如果创业者没有做到优劣清晰、赏罚分明，那么员工就会把管理者划到对立阵营，这时大家评判标准不一样了，就可能把问题复杂化。

那么，当"大灰狼"出现后该怎么办呢？我的建议是快速淘汰。想得越多，处理越慢，影响越大。他可能不是坏人，但处理不当却会坏事。

因此，一旦发现有"大灰狼"的存在，要尽快开除，体面处理。

## 积极善后

开除人并不是件容易的事，更何况，很多时候并非被开除的员工做错了什么事，可能只是价值观不同。但是对于创业团队而言，这些细微的地方恰好体现了团队的战斗力。做得好与不好，也就在这一瞬间分出了差别。

任何不忍开除人的创业者，都要想一想：如果把不合适的人留下来，甚至连累团队，那才是对公司最大的伤害。

一旦"大灰狼"被开除后，创业者就要立刻开会，对优秀的人员进行表扬，对离职员工的情况进行客观陈述，说清楚哪些地方和创业团队不相符，可能会伤害到大家的利益。同时感谢团队成员一直以来的努力，并应再次阐明创业的愿景，希望大家继续向前。

# 团队管理之
# 为何"小白兔"也有害？

说了"大灰狼"，我们再来说"小白兔"。

生活中总有一群人，他们是说好人，本质不坏，也不会恶意搞破坏，但是他们缺乏原则性，习惯随波逐流，做事 60 分就可以了。一旦有一个人做错事而没有受到应有的惩罚，"小白兔"就会立刻跟上去。

如果创业者喜欢和"小白兔"在一起，或者自己曾经就是一只"小白兔"，在创业时就会面临非常大的挑战。因为创业管理中，对团队的要求首先就是斗志，就是不妥协。任何一点妥协，最后都会变成溃败的根源。

## "小白兔"的害处

关于"小白兔"，最坚决的反对者是马云。马云认为"小白兔"对公司的危害比"大灰狼"更大，主要原因是：坏人有坏人的行为表现，周围的人能察

觉,会警惕、会提防。大家有了提防,就不会造成太大危害,或者造成的危害是一时的、不持久的。"小白兔"人缘好,讨大家喜欢,但不出业绩;而且"小白兔"最爱繁殖,生出大量的"小兔子",形成"兔子窝",霸占着岗位、资源和机会。如果一个公司大量核心岗位被"小白兔"霸占,形成了"兔子窝"文化,就会失去战斗力,失去市场机会。

这个道理并不复杂,用汉娜·阿伦特的话说,就是"平庸的恶"。需要说明的是,这段话是有特殊语境的,只有在初创企业,大家需要为生存、为未来奋斗的时候,这个判断标准才有其价值。

在成熟的企业中,员工只要100%完成指定工作,就可以确保公司有效运转,而且他们的不思进取也给了能力强的同事上升的空间,总体来讲不会有特别大的危害。

但是,对于竞争激烈的行业(尤其是初创企业),任何一个人化身"小白兔",就相当于团队的一个发动机熄了火。如果马云、史玉柱都担心"小白兔"会毁掉企业,那么对于我们初创企业而言,"小白兔"更是根本就不应该存在的。

## 拒绝"小白兔"的存在

"小白兔"如果存在,一定是创业者一开始没有表达清楚招人的要求,或者一时心软放松了要求。

其实原因很简单,创业者招人时非常难找到最优秀的人,如果持续招不到合适的人,很容易对自己说:"先随便招几个人吧,总好过没有人,到时候再换也不迟。"

一旦有这样的想法,"小白兔"的出现几乎就是必然的。

那怎么杜绝这个问题呢？答案是不要降低招人标准。招人时，初创企业一定会面临高档低配的问题——创业合伙人都是比较稳固的人才，但是招到的人往往是连基础都不牢靠的人。对此，核心原则是应聘者的态度是第一位的，水平可以通过努力来提升。招人时，宁可没有人进来，也不要"小白兔"进来。

要始终保持高标准、要求，不要养成纵容"小白兔"的企业环境。

# 一个团队

不要"大灰狼"，也不要"小白兔"，那么最好的团队是怎么样的呢？

在我看来，强战斗力的团队应该有以下几个特点：

1. 同理心。每个人都应该有同理心，整个团队才能互相帮助、互相感受。

2. 愿景和努力。能够站在公司的角度，思考公司的发展，并且能够基于公司的愿景，反思并改进自己的行为。

3. 一个团队。每个人的思考都应该从公司整体出发，从自己的职责推进。大家是一个团队，互相协作、监督，为了整体更好地发展。

# 团队管理之搭建企业
# 文化要想清楚的三个问题

前文中，我们提及了企业文化这件事。要想确保公司里没有"大灰狼"，

也没有"小白兔",就需要建立符合创业者预期的企业文化。企业文化会重塑每个人,而且会激发每个人的潜力。

很多人一说企业文化,就想到集体吃饭、集体唱歌,似乎让团队放松一下就可以了。

事实上,企业文化应该是把企业的价值观输入到每个员工心中,把想要追求的愿景渗透到每个员工的意识里,帮助每个员工变得更优秀。

## 企业文化不是请客吃饭

对于企业员工来说,真正的福利是个人的成长,如果他们能力上有长足的进步,就算辛苦劳累,也会十分感恩。

因此,在企业文化的构建上,一定先是先价值观、方法论和执行力的传递,待大家做出成绩之后,再给予毫不吝啬的奖励。

当创业者开始做企业文化时,一定要先弄清楚自己是谁、自己想要传递的价值观是什么。同时,必须清楚地意识到,"灌输"和"洗脑"对于创业者来说,不是负面的名词,而是必要的存在。如果你不能把自己的想法和行动变成整个创业团队的想法和行动,那么创业就一定会失败。

## 企业文化应该让每个人快速成长

所谓的企业文化,就是把创业者自身的优点、原则标准化。企业文化没有对错之分,但是少不了创业者自身的坚持。

因此,创业者在打造企业文化时,要多从自己的内核出发,发掘和标准化相应的内容，切忌照搬照抄别人的文化。

如前面所说，对于员工而言，真正的福利是个人的成长。那么对于创业者而言，企业文化则是使企业团队更高效地做事。

这是一个简单的逻辑：如果能够让大家都更好地做事，最终大家都会因为成长而感到舒服；而如果只是直接让大家感觉舒服，最终大家会因为没有成长而抱怨公司。

# 企业文化的细节要符合创业者自身的要求

企业文化的创建是为了解决问题、解决人的问题。因此，对于创业者的考验就是，要能准确提炼出可以传承的企业文化。创业者应该像做产品一样，从细节处开始，逐渐完善，不断修改，直到让企业文化融入每个人的血脉。

企业文化就是企业家精神的传承，是团队内部价值观的传递。企业文化要让所有参与者在一起工作时没有长幼尊卑，一切以最好的创意为先，不必担心"谁说话太直得罪了谁""哪个员工让主管或者老板下不了台"之类的事，把核心精力都聚焦到工作上。

只有解决问题、取得成绩、得到成长，大家才会真正感到舒服、痛快。而打造这样的创业环境，就是创业者必须要完成的核心工作。

# 打磨核心团队，
# 建立议事规则

当创业者终于凑齐了团队，开始往前走的时候，一切才刚刚开始。创业者要带领一群性格迥异、才华不同的人始终按照预期的方向前行，以最大的激情去完成预设的目标。在漫长的征途中，最考验创业者的就是领导力。

领导力其实是由决策能力、驾驭能力和议事规则构成的。前面我们已经提及了决策力和驾驭力，下面我们将重点讲述一下议事规则应如何建立。

## 议题必须明确

创业者应该只解决公司原则问题、产品标准问题以及需要创业者决断的疑难杂症。在明确的授权体系下，创业者不应该干涉常规部门的日常工作。如果没有授权，或者授权后仍干预事项决策，也是创业者的失职。

## 在公司核心共识下讨论问题

在每次议题开始之前，所有人都必须重申整个公司的愿景，明确锚点以及议题的目的。

前文说过，团队组合到一起的过程并不重要，但要确保短期共识和长期共识的一致性。如果大家的共识是一样的，那么在出现分歧时，就可以追溯到共识区，寻找解决方案。如果大家议事时缺乏一个基本共识，那么就很难进行讨论。因此，当大家需要就某件事进行讨论时，必须先明确这件事的底层共识以及希望达到的目的。

# 明确议事时的主持人

每次议事都要指定主持人，主持人应当事前准备充分，确保会议的精准高效。

具体来说，主持人应该把务虚的会议和务实的会议区分开，并且把议题优化，做到每个会议必须达到预期目的。除了务虚的会议外，议事时间尽可能缩短。

在开会时，应该先说明基本情况，把问题的难点、当下的解决方案阐述清楚之后，然后明确发言的次序和规则，每个人陈述完成后，后续的人再进行补充和辩驳。在这个过程中，主持人要不断地把问题归总聚焦，然后把问题的矛盾点抓出来，推动大家更多地思辨问题的本质，做出明确的决策。

# 反对意见必须明确

反对者不能以"我觉得不好""感觉什么地方有问题"等方式应对具体方案的执行。在会议中，所有的讨论都必须有事实依据，尤其是提出反对意见时必须或明示问题要害所在，或给出更好的方案。会场讨论一定要杜绝无的放矢。所有的讨论都应该在各自的研究范围内完成，会上不应该超出议

题提出问题。如果发现有核心问题被忽略了,那么会议应该立刻结束,择日重新开始。

议事规则要有明确的节奏——提出问题,提出解决方案,锁定核心解决方案,解决方案修改、优化,提出下一次会议/成果的时间节点。如果在这个过程中,与会人不能拿出自己的"干货"来,开会就变成了浪费时间。

# 杜绝非责任人参会

初创企业刚开始的时候,创业者往往希望所有人都参会,以了解公司整体情况。

但是每一个会议若想高效,就只选择必要的人来参会,确保每次会议都是决策者参与,每次会议都能把议题向往前推进一步。

会议的核心应该是明确解决方案,关键决策者要在会场直接拍板定夺,任何不相关的人员都不应该参与进来。

# 任何一个议题必有后续

只讨论有后续且和主业相关的议题。但凡认为这个不属于当下主业,也不是未来主业,即便看起来非常不错,也不要列在议事日程中。创业者可以没事的时候私下打磨,也可以闲下来做推演,但是除非证明这件事是当下或将来的主业,否则不必加入议题中。

创业就是要解决问题,而要解决问题就要有解决问题的方法论,并且为这一套方法论形成一套议事规则。在开始的时候,议事规则的重要性并不明显，因为最开始就是创业者自己在推动，但到了制度化的时候，议事规则就是公司的基本制度，没有合理的议事规则，制度就会非常难规范、难实现。

当然，这套议事规则可能不完美，而且搭建起来也非常辛苦。但是一旦议事规则形成，就会成为公司的基本制度，帮助创业者积蓄创业动能，推动创业者解决问题。

# 管理的不同阶段：
# 节奏、把握、复盘

管理不是驴拉磨，一圈一圈地绕就可以了。管理是螺旋式地上升，没有固定的规则可以遵循。因此，不同项目的管理方式不一样，不同阶段的管理方式也不一样，同样的管理还有不同的阶段。

管理是创业者成长力的最直接体现。在创投圈，投资人对创业者最大的赞赏就是"他成长很快"。比如说滴滴创始人程维在短短 4 年内，从管理几个人到管理几万人。

管理的重要性不言而喻，管理也需要成长。进入新的阶段，需要新的节奏，若创业者还停留在上一个环节里沾沾自喜，或者用老方法管理着成长后的新企业，那么就会一败涂地。

因此，创业者必须要有强大的学习能力，正如微软 CEO 纳德拉所说的那样，即使"知道一切"的孩子拥有更多的天分，但最后却总是"学习一切"的孩子获得更好的成绩。

接下来，我们一起来看一下怎样在创业中正确地把握成长的过程吧！

# 成长力

当你创业的时候,没有人再为你的结果负责了,你就是责任的最终承担者。因此你应该记住:所有的问题都是自己的问题。再强大的企业看中你的企业,也不过是做生意;同理,再弱小的人如果需要你的产品,也是你的上帝。知道万事只能靠自己,不再心存幻想,这是成长至关重要的一步。

此后,如果你心怀天下,就要补齐执行力的短板;如果你视野比较窄,就要训练自己站在更高的台阶上眺望。

成长力需要有不断学习、自我蜕变的毅力,不断深入了解行业,不断摸索行业发展的方向。"士别三日,当刮目相看",这应该是每个创业者的自我要求。

# 节奏力

三五个人时创业者要事必躬亲,等到有了十几二十个人,创业者就要开始授权,让中层一起肩负起向前的重任。在产品尚需打磨的阶段,一定要稳住,不能着急。等到市场认可,就要全力加速,抢占市场份额。该沉寂时沉寂,该休整就要果断休整。

创业就像环游世界,什么时候该小心翼翼缓慢通过危险地带,什么时候必须高速行驶,什么时候需要急转弯提高注意力,什么时候要停下来,都要有非常清晰的节奏感。创业者应准确控制每个节点并把握好节奏,在不同的阶段快速转换策略,同时,利用这些节点提振士气。

一个创业企业能不能活下来，活下来能不能长得大，都在这些关键的节点上。尤其是在变化迅速的时候，如果不能调整节奏，整个企业必将贻误战机，轻则受挫，重则全军覆没。

# 执行力

看得到和做得到是两回事，所以，执行力至关重要。

执行力是在成长力和节奏力的基础上，设定判断标准，定期复盘，走一步想三步、望五步，不断预演。在具体的把握上，要有多维度的评判标准，在每个月、每个季度的会议上，都要对这些维度进行评判，确定时间点，然后采取行动。

如果你对整个问题想得不够深入，对整个大局缺乏了解，对产品的商业模式和发展趋势缺乏判断，那么就无所谓真正的执行力。而没有执行力，再好的构想也无法实现。对于创业这班车而言，一丝一毫的差池都可能万劫不复。

这个模型不仅适用于创业者的整个成长阶段，而且在每个具体项目的管理上也可以发挥重要作用。创业者可以针对整个公司以及不同的管理项目设定具体目标，然后针对目标的成长、节奏和执行力进行考核。这样慢慢地持续下去，你就会变得对公司越来越有掌控力。

# 小结

对于创业者而言，是学习能力决定了你能走多远，而非过去的知识储备。

创业者最大的成就感，应该来源于一系列的决策，这推动了企业的壮大和发展。创业当然关乎技术、设计、营销以及各种组织架构，但最终这些都只有依靠准确的决策才能生存下去。

创业企业活下去的前提，是一系列成功决策的流程。如果你的决策总是正确的，总是通往愿景的方向，那么，赚钱就是最自然的结果；如果忽略了决策流程和愿景，一心想着赚钱，可能最后反而赚不到钱。

创业一开始或许起源于创业者一个人的想法，但一旦开始，就是一群人的事业，创业者必须要确保整个创业团队团结一致、勇往直前。

管理意味着创业者要快速成为伟大的"船长"，指挥团队把梦想变成现实。

第四章

打造产品，你必须
想到的事

# 事前验尸:如果项目失败, 你觉得会死在哪里?

查理·芒格曾引用一个乡下人的话:"要是知道我会死在哪里,那我将永远不去那个地方。"这句于生命来说略有些无助的话,对创业者而言可能是最大的提示。

人终究是不自知的,难免流于强调自己而弱化他人的主观意识之中。往往只有盖棺定论、木易成舟,才能看清楚自己的问题。

美国心理学家克莱恩提出了"事前尸检"这一观点。当创业失败的结局已定时,创业者可以抛开一切纷扰,坐下来想一想,到底发生了什么。

丹尼尔·卡尼曼在《思考,快与慢》一书中曾写道:"各个组织也许比个人更能抑制乐观主义情绪,而抑制这一情绪的最佳方法是由加里·克莱恩提出的。他将自己的提议称为'事前验尸'。流程十分简单:当一个机构即将做出一个重要决策但还没有正式下达决议时,克莱恩提议召集对这个决议有所了解的人开一次简短的会议,在会议之前有一个简短的演说:'设想

我们在 1 年后的今天已经实施了现有计划,但结果惨败。请用 5～10 分钟简短写下这次惨败的缘由。'"

## 事前验尸:你能承担后果么?

创业项目死了之后,你能承受的最坏后果是什么?你能否确保后果可承受?

创业,就意味着直接和这个世界的逻辑、规则对话。在产品还没有开始之前,先假定它已经死亡、彻底失败,然后追溯它的死因和死亡方式,这会帮助创业者切实地发现潜在而真实的漏洞、风险和危机,并从中总结经验教训,找出应对办法。

## 提前发现问题,才能防患于未然

事前验尸将会发掘企业面临的所有的负面问题和弱势环节,帮助创业者正视每一个潜在威胁,让创业者更趋于客观地审视自己的创业项目。

创业者经常会游弋于盲目乐观和过度恐惧之中,如果感到恐惧,就应该"以终为始",不断构建未来的假设,并置于当下来解决;如果感到乐观,就有必要事前验尸,收集所有项目可能死掉的原因,并一一审视。

事前验尸会引发各种合理的怀疑,敦促创业者去构想和解决问题,避免落入相应的陷阱,帮助创业者减少愚蠢的错误,从而发现真实存在的危机。

# 事前验尸的三个操作层面

丹尼尔·卡尼曼在美国曾组织了一次对小型创业者的问卷调查,有81%的小型企业认为自己成功概率高达70%,其中33%的创业者认为自己失败的可能性是0。而事实上,美国小型企业能够生存5年以上的概率仅为35%。

有自信当然是好的,但是盲目乐观却可能会掉进陷阱。

事前验尸是杜绝陷阱的必备思维方式。创业,本身就是思维方式的再造。同样的工作,不同的思维方式,创造的价值完全不同。

想要做好事前验尸,需要从以下三个层面思考:

第一是自我层面。乔布斯对自己所做的每件事都充满危机感,担心被其他企业颠覆,于是他会主动颠覆自己的产品。不断构想如果产品被颠覆了,那会是谁? 会是怎样的产品?

第二是内部层面。每件事都要事前验尸,每个决策都要考虑各种后果。虽然决策速度会因此放慢一些,但是因为犯错较少,整体效率反而更高。

第三是外部层面。假如提出意见的人都是内部的,仍有可能难以逃脱局限性,要学会倾听外部的声音。

有了这一思维方式,打造产品的时候就会少犯很多错误。

# 怎么样才算好产品？

想明白了战略和管理，接下来就要推出产品。怎样才能做出好产品呢？

所谓的好产品，并不一定是改变世界的大产品，而要从身边的小需求出发——无论是当下的需求，还是潜在的需求，只要必需，就能成为一个好机会。若一开始就追求大机会，很有可能不接地气。因为大机会对于创业者来说，一来规模太大难以驾驭，二来一旦验证成功就会被巨头盯上。

好产品的前提就是被需要，在此基础上，我们将从以下三个方面继续剖析好产品的特征。

## 如何找到用户痛点？

首先，剔除伪痛点。

比如，你家的宠物需要小伙伴，你想建立一个宠物社区网站，一调研就会发现，大家其实并没有这样的需求。

再比如，看到 VR 火热，你想做 VR 教育。但实际上，除非有全新的教育方式，否则 VR 对于教学并没有特别的帮助，最多可以视为痒点。

只有剔除了这些伪需求，我们才能找到痛点。

其次，真的痛。

真痛点一定来自每个人的日常生活和感受，如果你真的能解决这样的问题，自然就会有口碑。通常真的痛点基本都已有解决方案了，但原有的方案并不好。比如，大家都对有线电视抱怨很大但无可奈何，而享受美味的一日三餐对白领也是奢望。如果你能发现这些被"习以为常"的痛点，就有了机会。

最后，未来痛。

一旦当下的某些痛点被解决，未来就会有新的痛点。

比如，互联网解决了社交工具之后，大家就渴望真人社交；同样，市场上App 过剩以后，大家就想找到属于自己的个性化 App。这些属于下一步的痛点，如果创业者足够有智慧，能提前发现，就有很大机会做出好的产品。

# 痛点只是现象

找到了痛点，不意味着就有了答案。痛点之所以存在，一定有复杂的历史原因，同样，解决的方案也必然不会很简单。这时，就需要我们去找到问题的根本原因。痛点只是现状，只是表象，找出问题的本质，才是核心。

每个想有所作为的创业者，都应该去思考问题的本质、问题的难点，思考要透彻。

有一个经常被大家引用的案例：人们不是要打孔机，人们需要的是墙上的洞。那么解决这个墙上的洞，就是一个核心问题，它的解决方案未必是下一代打孔机。

可以再引申一步：人们为什么需要墙上有个洞？这个洞能解决什么问题？如果没有洞就能解决问题是不是更好？

当我们想解决一个痛点的时候，要深入地思考：这个痛点的本质是什

么？真正需要我们去解决的问题是什么？找到问题的本质，是解决问题的第一步。

## 好产品包含很多方面

如果我们找到了真实的、可以标准化的痛点，继而又找到了问题的本质，那么接下来只要解决这个问题，就会取得重大的突破。

但这并不意味着，这就是一个好产品了。

一个真正意义上的好产品，不仅要能解决问题，还要足够便捷、好用、成本可控、良率达标，并做到商业可持续，这才可以最大限度地提升我们的工作效率或者生活质量。

如果创业者带着这样的产品定义去挖掘，就可能做出好产品。

# 如何将模糊的痛点
# 变成精准的解决方案？

上一节我们讨论了好产品的定义，但要想使好产品落地，还需要一系列的思考。

任何一个产品的落地，都需要根据构想敲定每一个细节，最后在实践层面打造出原型，并进行反复优化。

如果你对产品不满意，没关系，任何一个成功产品的早期原型都很粗糙，可能比你的产品还要粗糙，只是后续修改了 10 次、100 次，甚至 10000 次。

在这种探索中，创业者一不小心就由先驱变为先烈。怎样才能降低无谓的失误比例呢？

# 从痛点到正确的问题，其间隔着千山万水

如何判定一个问题是真正的问题呢？最好的做法是剔除各种区域因素，找到不同的人群来判断你的解决方案是否会被他们采纳。如果是，那么这个问题就是共性问题。

从痛点到正确的问题，再到解决方案，这中间隔着千山万水。但是，一旦痛点确定了，剩下的就是逻辑梳理以及落地执行了。

商业即逻辑。理论上，找到了痛点，就可以通过逻辑思考找出真正的问题，进而找出解决方案。

创新就是不断地优化已有的逻辑，或者建立全新的逻辑，然后更好地获得收入，更好地服务用户。

# 挖掘问题本质

发现问题的本质是解决问题的关键步骤，也是创业者的价值所在。

WhatsApp 的开发者是只有 50 多个人的团队，却创造了 190 亿美元的价值（Facebook 以 190 亿美元收购了 WhatsApp），这是因为他们每个人的能力比其他人更强吗？

其实未必。只是他们创造的通信工具，以最小的成本解决了用户存在

的问题,这个问题切入到了用户的本质需求,受到了广大用户的认可。从工作量或者工作技能上看,未必每个人能力都超一流,但是解决了本质问题,就会让努力事半功倍。

好产品应该是依靠产品本身就能赚钱,而产品能赚钱是因为产品切中了问题的本质,这才是赚钱的根本。

# 找到解决方案

我们学习的时候,大多是给定已知条件,求解可能的结果。但是在创业过程中,我们必须发现问题的本质,继而给出解决方案。

解决问题是一种逻辑思考。逻辑思考的价值在于,只要充分思考,找到本质的问题,建立可靠的逻辑,然后组织条件去实现它,便可以创造出必然性。

那么,怎么确保能有这样的必然路径来构建解决方案呢?对此我提出了沙盒创新理论。简单来说,就是要把整个产品解决问题的过程,密封为一个沙盒,把沙盒面临的所有问题都罗列出来,然后确保遇到的每个问题在进入沙盒后,都能得到预期的结果。

通过构建一个虚拟的沙盒,创业者可以加强对需求和解决方案的认识,这个理论我将会在下文详细阐述。

# 持续的逻辑校正

沙盒出来之后,就要开始极限测试。把能输入沙盒的内容全都输入进去，无论是否合理，然后检查沙盒的输出结果。再根据这个输出结果是否满意，来检验和校正沙盒本身的功能设计。

需要说明的是，每个创业者拥有的核心资源都不一样，所以沙盒也各不相同。

普通创业者资源匮乏是一定的，因此，创业者必须基于自己拥有的资源去构建解决方案，这样方案才会可靠、可执行。如果发现缺乏一项关键资源而导致产品无法完成，那么创业者就要想尽一切办法去解决。比如高德地图想尽办法获得地图测绘资格，阿里想尽办法取得银行支持进而做出支付宝等。

# 怎么样验证一个产品是否可行？

如何判断一个产品是否可行？有一个古老而有效的验证方法——推销验证，它会让你获得你产品最直接的反馈。

要做到推销验证，创业者必须先克服自己的心理障碍，勇敢走出去，这个过程会让创业者对产品的构想更深入。与此同时，为了能够吸引用户，创业者也会绞尽脑汁地挖掘产品的卖点和最优的表述方式。

因此，每个创业者都应该有推销、验证产品的过程。

## 你愿意在陌生的街头推销你的产品吗？

这是最基础的训练，这个训练甚至可以先于产品进行。哪怕只是一个

想法,也可以做出一个样品,然后在街头推销它。

比如,你想开一个生鲜配送店,你的卖点是以市场相同的价格,把洗好的菜配送到用户家里。那么你就可以做一个这样的宣传单,然后去商场找用户推销自己的产品。

一旦有顾客询问品质如何保证、价格能否优惠、配送是否准时等问题,就说明这个想法有顾客认可。

在街头推销产品,会把创业者"打回原形",使其以最接地气的方式去思考产品。

# 一句话说清楚你要解决的问题

太多的创业者都无法一句话说清楚自己的企业在做什么,我认为这是一种敷衍。

任何一个伟大的企业都能用一句话告诉别人,自己的企业是做什么产品的,解决了什么问题。如果做不到这一点,就说明产品本身或许不可行。

能够一句话说清楚问题,就说明产品本身至少具备一定的可传播性。否则即便是垂直领域的产品,因为无法在大众领域传播,也会导致产品夭折。

对于创业者而言,能说清楚你的产品,是创业成功的重要一步。基本上,只要创业者说清楚了产品,就有很大概率找到正确的产品方向。

# 别人质疑的是产品本身,还是你的能力?

创业者去推销产品时,总会遇到各种各样的质疑。请不要低估大众的智慧,99％的情况下,大众的质疑都是对的。

那么,怎么判断这种质疑是否和产品相关呢?这就需要创业者仔细分析对方质疑的理由。

当你去做推销验证时,无须反驳,只需倾听。然后说出哪些是你能解决的问题,哪些是你需要时间去解决的。

如果大众对你的产品不感兴趣,是因为这个痛点不够痛吗?还是因为其他想挑战的人都失败了,所以觉得你根本就不具备这个实力?

如果大众对要解决的痛点不感兴趣,或者对产品本身毫无兴趣,这说明你的方向可能错了。但如果大家只是不相信你的能力,或者认为大企业想挑战都失败了,你也一定会失败,那么也许你已经找到了一个绝佳的机会。

销售是创业者非常重要的核心能力,也是打造伟大产品的前提。而推销验证是非常重要的创业步骤,只有你的推销有人愿意听、有人愿意信、有人愿意买单,才说明这个产品真的有价值。

# 产品的起点：正向设计

要想做一个真正立得住的产品,就不能靠运气。

创业企业想要成功,一定要通过一个精准切口,去占据某个场景。而要占据这个场景,就必须构建一个中间层,能够把所有参与者都黏合在其中,通过有价值的服务解决各方遇到的问题。

发现痛点很容易,但要系统而全面地解决各种问题就很难了。每个痛点的解决都不是一步到位的,而是需要构建一个生产线,逐步把问题消化、分解、击破,这不仅需要耐心,还需要爆发力。

正如前文所述,如果能够对痛点做出准确的判断,明确这是迫切需要解决的真问题,同时对自身资源做出准确的分析,知道如何行进才能达成目标,那么几乎可以断定这件事是可行的,需要的只是找到行进的路线以及充足的打磨时间。这中间要用到的方法,就是正向设计。

什么是正向设计?正向设计就是抛开行业里过去的历史包袱,从零开始设计全新的解决方案。这里可以看两个案例——

首先是 iPhone 的诞生。如果沿用手机过去的方案,iPhone 应该在功能机的基础上增加一些电脑的属性,用一个触控笔实现各种内容。但 iPhone 在设计的时候,就抛开了过去手机的基本组件,从最基本的需求开始,重新设计。最终诞生的 iPhone 没有键盘、没有可拆卸电池、没有小显示屏,取而代之的是全玻璃屏幕、各种传感器以及全新的操作系统。

其次是电动汽车的研发。电动汽车按照常规怎么做?在已有的汽车架构上增加电池,如此的负载,电动汽车很难普及。但如果用正向设计的做法,回到本质问题,开车就是为了出行,可不可以重构汽车的组成,让汽车和过去完全不同,却依然可以达到出行的目的呢?答案我们已经看到了。通过轮毂电机、动力电池和数字化中控系统等方式,去掉传统汽车的内燃机、发动机等组件,把汽车自重降低一大半,仍然保持了汽车的出行功能。

从上述案例可以看出,正向设计就是遵循"两点之间直线最短"的定律,在起点和终点之间划一条直线，然后根据当下的资源重新设计出全新的解决方案。这中间当然会用到过去的部分内容，但这只是答案的一小部分。

这可以视为正向设计的典范，而且是未来产品设计的潮流——不断归零，重新设计。

然而目前绝大多数设计都不是这样做的，它们只是简单的线型延展。为什么看起来高效的做法，在现实中却很少看到创业者在使用呢？我认为这是惯性使然。

任何一个问题，从发现到提出，需要创业者对整个行业进行深入的思考。而正向设计需要从行业的源头开始思考，梳理行业细节，不仅工作量巨大，而且难以轻易找到解决方案。这时，创业者往往会不自觉地选择最简单的方法——在现有产品的基础上进行迭代，也就是把别人的产品进行局部优化后推出市场。

这样做虽然是可行的，但如果没有正向设计的理念，创业者的思考很容易在半路误入歧途，最终忽略了用户的真实痛点。

更大的危害在于，你没能建立两点一线的正向产品路线图，因此，在继承了行业遗产的同时，也背上了行业的重负，没有办法实现创新。

# 产品思考之模式：
# 怎样的商业模式算好？

商业模式是商业产生的起点。商业模式是企业与企业之间、企业部门之间，乃至企业与顾客之间、与渠道之间存在的各种各样的交易关系和联结

方式。任何一种商业模式都是由客户价值、企业资源和能力、盈利方式构成的三维立体模式。

通俗地说，商业模式就是公司通过什么途径或方式来赚钱。可口可乐通过饮料销售赚钱，媒体通过广告赚钱，移动公司通过话费和流量费赚钱……只要赚钱的领域，就有商业模式。

当我们在构建产品的时候，很重要的一点就是要想清楚产品的商业模式是什么？

只有想清楚这一点，产品才有商业化存在的必要性，创业才能成为一个可以持续发展的生意。

成功的商业模式要能提供独特的价值，这就需要在一开始就找到产品最大的价值点。有时候它可能是新的思想，而更多的时候，它是产品和服务的组合。这种组合要么可以为客户提供额外的价值，要么使得客户能用更低的价格获得同样的利益，又或者用同样的价格获得更多的利益。

这种增值可以通过以下四种方式实现：

增加新价值；

提高效率；

创造新需求；

降低成本。

构建商业模式的起点，来自最直接的获利方。在世纪佳缘，想找对象的人愿意花钱购买对方的联系方式；在淘宝，买家为了挑选商品愿意接受广告；在京东，客户愿意为了"多快好省"而办 plus 卡……从获利最多、需求最强烈的一端开始，然后不断完善整个产品的闭环，这是构建商业模式的关键。

由于企业的生存必须围绕整个生态环境，因此，要想能够让商业模式得以持续，就必须要让所有的参与者实现共赢。

商业模式必须依靠自身的核心资源优势,构建出容易理解但难以复制的独特价值主张。比如,创业者与众不同的地方在哪里?是服务能力,还是执行能力?找到以后,把这些资源作为自己业务调整的锚点,通过提升细节,把行业的准入门槛提高再提高,从而获得竞争力。

要做到这一点,就必须熟悉和打通每一个细节,并进行优化。将每个步骤都形成一套规范,确保产品不走形,并建立一套完整的、难复制的资源和生产流程。

弄懂了这些,创业者在做产品的时候,才能脚踏实地、量入为出、有的放矢。只有有了商业模式这张蓝图,创业者才能在做产品的时候有目标、有方向、有依据,才能聚焦。

实际上,越简单的商业模式,背后需要做的功课越复杂。例如,谷歌决定在用户搜索结果的旁边展示广告。这一决策做到了既不干预用户想要的搜索结果,又向用户展示了可能使其感兴趣的内容。这个表面看起来非常简单的商业模式背后,需要全球最大的数据抓取、过滤、分析以及机器学习等多个系统予以支持。

此外,在商业模式的构思过程中,一定要记得此前说过的共赢,即需要考虑与利益相关者的关系,如供应商、客户、竞争对手等。必须要让所有的相关者都参与到商业模式中,才能发挥最大功效。如果考虑缺失,致使相关参与者缺乏参与的兴趣,就会导致整个商业模式不稳定,甚至失败。

还有一个重要的点,就是创业的出发点要接地气。在寻找商业模式的过程中,要始终对自己诚实。任何的不诚实,都会带来后续的问题。这就像打地基,如果用视而不见来对待已经存在的漏洞,后续就会耗费几百倍的精力来修复它。哪怕承认错误,推倒重来,也好过把不合格的东西隐藏起来,假装不知道。

# 产品思考之品控：
# 品质控制如何做好？

什么是品控？品控就是指能够确保模式落地的保障流程。品控是保障，是确保模式实现的手段。模式、品控、校正是产品研发时必须综合考虑的三个组成部分。很多创业者都会强调模式是否成立，却忽略了品控和校正。从后续的发展来看，品控往往会拖垮一家看起来很好的初创企业。

## 为何品控如此重要？

如果你的团队成员来找你：抱歉，这个功能完不成了，本期上不了。这时，你该怎么办？

从品控的角度来看，类似这样的事情经常会发生。也许是因为事前评估没做好，也许是因为中间频繁改需求而导致时间不够。而品控就是要确保这样的事情不会发生。

拥有最严格品控的苹果、微软，尚会出现此类问题。对于初创企业来说，如果没有品控，则一定会失控。

失控了不仅要追责，还要进一步完善品控。一个好的模式不仅是怎样才能做得到，而且是怎样才能不犯错，或者说确保所有可能出现的错误都在可预见、可容忍的范围之内。

# 通过以下案例思考品控

1."回家吃饭"应用程序。

不想吃地沟油或不够卫生的小餐馆，家常菜白领可能会喜欢！这就是创业项目"回家吃饭"的商业逻辑。

从模式上来看，所有参与者都是共赢的：供应端可以在家提供餐饮服务，直接对接到用户；需求端可以吃到家常饭菜；平台可以从中获利。

模式验证了，但其中有一个待解决的巨大漏洞，那就是品控问题。家庭餐厅是否就是健康呢？我们有什么渠道来确保每道饭菜都是干净、健康的呢？

2.三星的电池爆炸对品牌影响有多大？

2016 年，三星得知苹果产品没有大改动，想来个弯道超车。所有的模式都没有问题，Note 7 获得了比 iphone 7 更广泛、更热烈的赞誉。然而这场超车，却因为过于急进，忽略了品控，导致电池出现重大失误，最终影响的不仅是产品，还有品牌。

# 如何确保品控？

从危机的角度来看，品控的缺乏是导致企业陷入危机的根源。

由此，创业者应该对品控有一个大致的印象：伟大的构想宁可隐忍不发，也不要出巨大的差错。

实际上，对于创业者而言，所有的虚名都不如企业扎扎实实地活下去，持续的成长更为重要。

那么,怎样才能确保品控更好地落地呢?这取决于创业者对自己创业模式的构想以及逻辑的完善。但从总体上来说,有两个方面可以考虑:一是流程必须到位;二是如果做不到位就立刻反馈。前者要求我们建立流程,后者要求我们采取措施防范任何可能出现的风险。整个验证的过程包含产品设计、原料采购、成品销售、售后服务、问题处理等,还要考虑偶然风险,任何有可能的风险都要做好应对。

落地执行时,需要确认每个环节的精确性,并留出复核和调整的时间。

# 产品思考之校正:
# 修正产品和战略存在的问题

校正的涵义,在决策层面来说,就是无论何时,创业者的决议都要具有一定的可校正性。也就是说,在当下必须做到已知决策最优的同时,还能够随时向更优转化。如果放在产品层面,就是要始终有清晰的产品路线图,并且做到持续地微调、升级和优化。

从更高层面来看,校正还应该能够超越当下的现状,进一步调整和优化模式、调整和优化品控,从而确保创业项目始终处于动态最优的过程中。

校正不是凭空存在的能力,而是针对已有的产品和路线图进行优化的能力,这种能力必须作为一个核心要素存在于创业者每天的思考之中。

# 为什么要有校正？

如果想成为一家伟大的企业，持续的思考和校正就必不可少。

世界是动态的，飞速向前，每个点都充满不确定性。因此，想要保持先进，就必须不断思考，实时更新。如果不能随时校正，必然会偏离航线。对于初创企业而言，这就是灾难。

校正意味着不断复盘企业模式以及优化品控，让企业从内到外在每个细节上都逻辑一致，保持进步。

校正逻辑，应该成为创业者思考的一部分。只有同时兼具模式、品控和校正，企业自身的形象才会饱满。如果缺少校正逻辑，目标就会僵化，从而导致整体落伍。

# 校正应该是一个独立的系统

企业自身的发展逻辑，在新陈代谢的过程中，总会有各种问题。随着时间的推移，很多底层逻辑无法解决，最后爆发的冲突会导致企业崩溃或者被更高维度的企业打败。

所有的决策在坚决执行的同时，但应保留进一步优化的空间，可以为了更好的方案而放弃当下的内容。如果能够做到这一点，一个企业持续保持活力是可以实现的。

当然，要做到这一点非常难。很多时候，为了追求模式和品控的稳定，会把校正这一块疏忽掉。最后整个系统陷入僵化，很难改变。

校正系统是最容易忽略的系统，但会逐渐成为最要紧的事。

# 校正，该怎么做才好？

由于我们无法获得全面信息，因而无论是做产品还是做决策，随着思考的深入，任何一个新增的细节都可能推翻之前的想法。这是一个执着于持续改进产品的 CEO 才会做出来的事，即想明白一个细节后，推翻之前的产品，重新来过。类似这样的持续校正，在创业期间是不可避免的。

那么，应该怎样去解决校正的问题呢？

首先，如果说模式和品控可以通过领导力由创业者牵头来做的话，那么校正就必须由创业者亲力亲为。如果交给别人（比如成立专门的研究院），最后的结果往往是脱离实际，无法紧扣创业者的核心目标。

其次，要建立持续的校正逻辑，就需要充分考虑每个流程的变量和优先级。短期来看，校正要对产品进行修正，需要确认当前的最高优先级，通过核心点来带动整体进程；中期来看，校正需要以产品的设计图为基础，同时建立迭代排序，实现不断进阶；长期来看，持续的校正逻辑要对愿景进行修订，确保随着时代的变化仍然准确、可信赖。

校正必须因地制宜，根据模式和品控制定标准，同时动态调整。

如果没有校正机制，在激烈的社会变革和行业竞争面前，一家企业可能三五年就会过气。而持续的校正逻辑，则会让企业一直处于最优势的状态。

# 没有创新工具，
# 哪里来的创新产品？

耕地需要工具，生产汽车需要工具，创业者创新时也需要工具。

这个工具未必是具象的，可以是全新的思维方式。你由此展开系统性的思考，将之变成工具，进而展开创新。

一家企业必须通过创新来完成产品塑造，但核心依然是产品。创业者只能从用户需求、业务扩展、行业竞争、市场创造等角度，看颠覆未来的产品和解决方案是如何产生的。

当你一直在一个领域里思考时，你看到的不再是单一的信息，任何一个细节的变化都会对整个生态系统产生蝴蝶效应。

在产品竞争中，哪怕环节完全一样，也可能因为某个细微变化，而产生完全不一样的解决方案。

要产品创新，就要先找到自己的创新工具。这既是建立自己商业模式的核心，也是抵御竞争对手的武器。

相对产品而言，创新工具更加抽象，本身也并不固定。比如早期，渠道变革、价格革命是小米的创新工具，现在新零售、电商则变成了小米的创新工具。类似的，马云"让天下没有难做的生意"这一理念就是阿里的创新工具；低成本扩张，是联想的创新工具；撮合交易平台，是滴滴打车的创新工具……创新工具不仅是痛点的解决方案，本身也是不断进化和延展的。

没有创新工具，就没有真正的创新。创新工具就是我们为什么创新以

及如何实现创新的总和,它指导着我们去创新,去解决创新中遇到的问题。

创业者应该进一步具象化,创新工具具体的方法我此前略有提及,那就是"沙盒"和"中间层"。

什么是中间层?中间层就是在构建场景时选定特定的维度,这个维度要足够好,才能成为滤网。滤掉不需要的,让所有目标用户和目标用户需要的内容都在中间层汇集。

中间层就是我们整理特定需求的那个工具。通过对中间层的梳理和界定,创业者可以圈定自己的核心问题。比如,在双创的过程中,创业服务是即将爆发的一个大市场。但是在这个市场中,有非常多的细节都可能产生创业产品,怎么开始痛点的思考呢?先选定你认为最好的角度(维度)作为思考的中间层,然后通过这个中间层,解决痛点的所有问题,比如用户筛选、产品闭环、痛点解决和用户黏性等,锁定待突破的方向。

如果你界定好了中间层,并且对核心的内容进行了梳理,你就明确了产品要解决的问题。这时,就可以引入沙盒理论。沙盒的概念会让创业者始终把用户的痛点放在首位。

举个例子,淘宝的中间层就是C2C,让买家和卖家在网络平台上完成交易。因为轻资产,所以淘宝只负责在线交易的这个过程,这就是淘宝构建的中间层。在此基础上,要确保用户能够完全放心购物,淘宝的沙盒必须要解决信息问题(形成足够大的平台)、安全问题(资金安全、信息安全等)、假货问题等一系列问题。最终淘宝打消了用户在网上购物的顾虑,电商也由此成了主流。

每个创业企业能成功,一定是占据了某个切口,进而占据了某个场景。一旦创业者找到了自己的中间层,就可以构建一个沙盒,去解决这个中间层遇到的所有问题。如果你觉得自己在这两个创新工具上做得都非常好,并且确定在这个过程中能够给所有参与方都提供更多福利，那么你就已经接近成功了。

# 产品持续创新的外部条件

有了创新工具，创业者就可以考虑产品创新的执行了。我一直说，创新只是创造产品的方法而已。创新不是产品销售的卖点，创新是产品变得更好的过程。如果不能使产品变得更好，创新就毫无价值。

实际上，当我们决定创业的时候，我们就已经开始在创新了。因为当你做出决定的瞬间，你一定是发现了自己的某个长处，能够在市场立足；或者找到了市场的某个痛点，确信自己能够改变。

对于创业者而言，最难的不是创新本身，而是能否坚持最初创新的想法，并一直坚持到最后。这中间有一个最大的误区——转型。转型有很多种：有的是坚信自己要解决的问题是正确的，所以不断地调整方案以期把问题解决掉；有的是不断地调整自己的方向，拥抱所谓的风口；还有的是灵活机动，遇到问题再解决。到底哪些应该坚持，哪些必须放弃？这是产品持续创新时必须考虑的关键问题。

## 愿景：或守住自己的能力，或守住要解决的问题

但凡有所成就的人，无一不是目标明确、行动坚定的人。

这似乎违背了我们的常识认知,因为大家骨子里都觉得,如果过于坚持自我会导致失败。但现实却相反。

正如知乎上一位知友所说,有的时候人和人之间不仅仅是智商上的碾压,更是理想、见识、执行力上全面的碾压。

目标是工作的原动力。如果你愿景不够清晰,或者目标错了,那么就永远不会到达目的地。

有了愿景,还要有对愿景的信念,这样才会拥有坚持的动力。最可怕的是频繁地变动目标,你根本不确定刚才走的路对新的目标是否有价值。

产品创新也是如此,如果没能守住要解决的问题,那么产品的创新只不过是每个人发散思维的一时兴起罢了,无论现在看起来多么热闹,最后也不会结出好果子来。

## 脑力整合:想象力和逻辑力

缺乏想象力,缺乏对未来的构想,就很难创新。

在产品创新的过程中,每个解决问题的环节可以"正",但是否也有"奇"?有没有更好的方式?如果整个环节看起来不可解决,能否分解成若干步骤逐个攻克?如果某个环节确实超出了自己的能力范围,是否可以绕开这个环节,采取另外的方式去实现目标?

在创业过程中,创业者要不断打开脑洞,并通过逻辑能力,将想象力和创造力与现实联系起来,建立可行的演化路径。

# 脚踏实地的执行力:从对接资源开始

大多数创业没有成功,是因为没有拼尽全力去执行。无论最开始的问题有多难,只要能够逐级把任务分解,一个个环节慢慢去做,总能做得到。

# 意志力:每一步都拼尽全力

产品创造力从何而来,除了强大的意愿,还要有团队持续的努力。坚持是通往成功之路的钥匙。

拼尽全力是成功的秘诀,坚持和努力会让人变得更聪明,也会让人运气更好。

当创业者在产品创新的过程中,把上述四个方面融合在一起,就会更接近目标。

# 精益创业

做产品有很多坑,尤其是没有抓准需求、没有做过销售的创业者,往往会失去抓手,为了做产品而做产品,从而陷入死循环。

为了避免这一点,每个创业者都应该采取业界流行的精益创业模式。

所谓精益创业,就是做一个最小化的、最简单的产品原型,然后出去叫

卖,如果得到市场验证,再不断完善。简单来讲,就是要先验证用户的痛点,再不断完善细节。

精益创业要求创业者不要构想太大,早期的产品原型两三个人能掌控即可,然后针对明确的痛点进行产品深开发。

假设你想开发一个按压式的牙膏,让牙膏像洗手液一样按压一下就可以出来。此时并不建议你现在就去批量生产,可以找一个地方去买按压式的包装瓶,将牙膏直接灌进去,然后测试是否有需求。如果有,你就可以贴上自己的品牌进行试验性销售。如果能卖掉这些产品,就可以考虑改进整个过程中存在的最明显的问题。

## 用精益的理念做原型设计

很多创业者都喜欢构想出一个完整的产品再运营推广,感觉那样会底气十足,但这种感觉其实是错误的。最开始的产品原型只需要一个基本且有效的功能即可。简化到不能再简化,只专注于核心的痛点。

实际上,所有成功的企业最开始都是这么起步的。那种一开始就把产品做得完整和复杂的创业者,到了后来很快就会面对无法解决的问题——早期太过复杂,后续有问题都不知道具体是哪里出现了问题,即便找到了问题也很难调整。

用精益的理念做产品原型,对于创业者而言,是巨大优势,保持了开放性,才更容易抓住未来产品迭代时出现的大机会。

# 精益创业必须符合 3V 法则

初心（very beginning）、愿景（vision）、价值观（value）是创业中非常重要的因素。创业者必须随时随地反省自己：产品是否符合初心？是否是通往愿景最有效的途径？创业过程中的价值观是否始终如一？

产品原型可以只保留核心模块，但产品细节都必须符合 3V 法则，这是成功至关重要的前提。

# 坚持极简

创业面临极端复杂的情况。一般而言，创业者必须坚决地把精力放到产品的最大痛点上，把自己最擅长的做到最好。

比如，别人是来看你内容的，你就专注内容就好，随着用户数量逐渐增加，再优化界面也不迟。全力以赴做好最核心的事，对于创业者而言，就足够了。

如果仔细观察，你就会发现，所有创业行为都是收敛的。创业就是弱水三千，只取一瓢饮。越聚焦，用户就越多。

记住：舞台有多大，并不取决于产品的复杂性，而是取决于产品用户的多少。

# 为什么产品臃肿会
# 成为创业者的死敌？

虽然我们一直说精益创业，但是很多创业者都会认为这只是资源少的情况下不得已的选择。如果能够一开始就把产品完善再推向市场，效果可能会更好。

结论是否定的。无论成功的创业者后来拥有多么复杂的生态，在创业最开始，他们都是非常简单的。

既然如此，为何我们还担心创业者把问题复杂化呢？这是因为复杂化是人的本性。当我们遇到问题的时候，不断增加工作量，往往是我们解决问题的首选。砍掉或停掉此前的工作，重新来过，很大程度上不能为我们所接受。尤其是有外部因素或关键绩效指标（KPI）等限定的情况下，我们更倾向于否定我们曾经做过错事。大家宁愿每天忙忙碌碌做一些没有价值的事，宁愿把问题复杂化，也不愿推倒重来。

但是，对于创业者而言，一旦产品过于复杂，企业发展就会失焦，而失焦必死。

## 产品不会饿死，只会撑死

优秀的产品都极其简单。但创业初期，因为对商业模式和打败对手等多方面的渴求，创业者很难坚持简单。很多创业者一开始找到了很好的切入点，但一旦有了融资、有了规模，就难免想着发展，而一旦提及发展，就难免想要扩张——倾向于上新项目，或者让原来的项目更加丰富。

举个例子。一个垂直导购应用，有了百万用户，之后上线了社区、电商，迅速满足了投资人喜欢的用户活跃度和资金流两项指标。但是，所有新项目都需要有产品的支持，产品还没有长大，根本支撑不了迅速的扩张。

公司越来越壮大，产品越来越丰富，功能越来越复杂，看起来一片欣欣向荣的景象，但公司可能已经消化不良了。一旦一家创业企业开始兵分多路，为了不同的目标而作战，原本看起来还绰绰有余的资源立刻就会捉襟见肘。当剩余价值被榨干后，老用户就会逐渐流失掉，且很难吸引新用户进来。

在我的观察里，很多产品都死于扩张后的消化不良，都是"撑死"的。

# 为什么产品会越来越臃肿？

这个问题的根本答案是，对于产品而言，大家只喜欢做加法，而不喜欢做减法。

如果你用 1 个月梳理清楚了产品的逻辑，再让团队用 1 个月把过去的很多功能剔除掉，你真的能下这个决心吗？

砍掉功能像壮士断腕，那一次次业务简化、功能调整的背后，是一次一次的梳理逻辑。这时候，创业者更愿意选择在原有的基础上，增加新功能。

产品臃肿的另一个原因，是创业者不善于反思和总结。

举个例子。一个产品开始是工具，后来发现走不通转成了社区，最后又转型成了电商。其实此时最应做的是，保留核心数据，重构产品端。

而很多创业者却希望能平滑承接已有的用户（或者流量），缩短开发时间，最好不要重新做，在原有的基础上修改；更有甚者，懒得梳理结构，增加几个功能就完事。

如此一来，新功能增加在已经弃用的旧框架上，被抛弃的功能仍旧占据架构的主体。这样的产品，怎么可能不臃肿？

## 解决方案：除非必要，勿增功能

能不能让产品始终保持简洁？

第一步，确定你的产品只解决一个问题，这一问题必须是原则性问题。

第二步，除非必要，勿增功能。这个"除非必要"指的是除非绝对必要。如果必须增加功能，再返回第一步。

第三步，定期回顾清理，有些可用可不用的功能坚决删除。

产品应该且必须只保留最核心的内容，把所有的包袱都去掉，剔除那些看起来无害但用处不大的功能。

# 为何你的产品没能解决
# 最初的问题？

很多创业者开始想做一个解决问题的产品，后来，他们做了一个他们自以为能解决问题的产品。

为什么会这样？因为每个创业者在创业的过程中,都不可避免地会发散思维,然后过于珍视自己的"奇思妙想",最终整个产品表面上是要解决问题,实际上却变成了自己"创新"的试错基地。

## 想到的和落地的是两回事

有一位创业者想进军老年护理行业。他认为,只要聘请专业人士,服务到位,一切就迎刃而解。实际操作时才发现,银发产业的钱并不好赚,能自理的老人不需要护理,半自理、不能自理的老人各有各的问题,涉及不同的护理领域。乍看起来一个小区有几百个老人,但实际上每个专业护工能照顾的也不过三五个人,根本没有办法商业化。

## 为何总会给出错误的答案？

正如我此前所说,一旦找到了正确的问题,就一定存在解决问题的正确答案,而且,正确答案还不止一种。

所谓产品,就是用来解决用户某个问题的工具。既然问题变了,那么产品也就完全不同了。很多创业者的产品之所以会跑偏,或是因为中途不断增加的新问题,或是试图让一个产品能解决很多问题,抑或是不自觉偏离了主轴,还有可能是骨子里的畏难情绪,一旦开始攻坚就把目光转向了看起来更简单、没那么费力的事情上去了。

就试错而言,如果是一个问题的试错,那么试错越多越接近正确答案;如果每次试错都试图解决不同的问题,那么试错越多,就离目标越远。

只有始终把最初的问题作为产品的核心，专注解决这一个问题，我们才有可能避免给出错误的答案。

## 把核心问题写下来，每天复盘

在寻找解决方案时，我们要用"立场"和"能力"去解决真正的问题。

如果我们的立场变了，或者我们的路径调整了，又或者我们理解的问题变了，就会导致整个解决方案的变化。

在产品研发的过程中，每个产品都应该解决固定的问题。而要确保在整个过程中，创业者都不会走样，则应该把问题写到白板上，每天深入思考，确保所有的努力都是在更好地解决这个问题。

在做产品的过程中，创业者要始终把核心问题作为思考的前提。当解决这个问题遇到不可逾越的困难时，要么想尽一切办法，要么放弃项目重来，切不可绕开难点。

# 如何找准产品的破局点？

为何总有创业者能够在竞争中脱颖而出？

除了找准问题和矢志不渝的决心之外，构建一个解决问题的链条至关重要。从发现问题到解决问题，中间需要一系列的逻辑思考，在这个过程中需要找准产品的突破口。突破口应该起到这样的作用，创业者一旦突破即可产生连锁反应，进而推动产品实现突围目标。

这个突破口就是破局点。

# 找到破局点

再伟大的产品也一定是从一个很小的点切入实现突破的。任何一个产品的诞生，都需要像锥子一样犀利地去切入，把过去密不透风的行业撕开一个口子。做到这一点的创业产品才有机会横空出世，反之只能默默无闻。

腾讯对金融的逆袭就是一个经典案例。多年来腾讯一直觊觎支付宝的大市场，但投入总没有战果。微信抓住了发红包的习惯，开发了相应的工具，实现了弯道超车。不仅如此，在移动支付层面，微信日常的使用频度也不逊于支付宝了。马云当时曾在内部邮件中将此比作"偷袭珍珠港"。不仅如此，随着移动支付的破局，蚂蚁金服的相关业务也逐渐被腾讯蚕食。

谁能想到，当时支付宝牢不可破的支付格局，居然会被微信用红包的形式突破？微信红包就是这个破局点。

实际上，每个固若金汤的行业都存在这样的破局点，只要创业者反复思考和试炼，就能感觉到这个破局点的存在。也只有找到破局点，创业者对产品的构想才能真正落地。

每一个当下火爆的产品，当初都是找到了这样的破局点，最终才势如破竹。找到破局点以后，哪怕产品稍显粗糙，也能吸引用户互相传播，进而带来增长。

# 破局点的评判标准

大众喜欢某个酷炫的概念,不见得就会真的为此买单;而大众要买单的产品,也不见得就一定是酷炫的产品。

如何确定你找到了真正的破局点呢?核心的标准有三个:自传播、自推广、自增长。

创业者找到了一个很小的切入口后,基于这个切入口做出初步的产品原型,在不借助任何外力的情况下,对潜在目标人群进行投放,如果能够出现自传播、自推广和自增长的趋势,我们就可以说,这个产品是有生命力的。

这也是判断破局点的核心——是否具有自我驱动的能力。如果用户没有这样的动能,就说明这个产品的切入点还不够准、还不够狠、还不够有力量,就要重新开始思考。

# 落地执行

明确了判断标准,找到了破局点,接下来就要在打磨产品的时候,确保落地执行的效率。

首先,要确保产品超过自己的预期;其次,在流程控制的环节做到每一个细节都在掌控之中,即整个沙盒没有不可测量的风险。

即便在产品层面把破局点的各个问题都想明白了,但在执行的过程中仍然有很多问题需要解决。例如,如何进一步降低产品的市场教育成本?

如何让大家无须学习成本就直接上手？

　　创业者梳理清楚这些问题后会发现，整个摸索过程就是越来越逼近正确答案的过程。这种感觉不仅给创业者带来了信心，还让创业者体会到了创业的乐趣。

# 产品的路径和节奏把握，<br>该如何是好？

　　对于创业者而言，从创业一开始，就应该规划出一张完整的产品线路图，以便推进产品执行和持续创新。

　　短期创新靠一招鲜，长期创新则依靠团队作战和整体规划。产品的持续创新就是用正确的路径和节奏去解决问题。这好像剥白菜，要一层一层地打开，才能剥至内心。做产品也是一样，需要去理顺产品的内在逻辑，然后深入分析。

　　看似简单的解决方案，其背后是对产品逻辑的深刻洞察。每个创业者都要从这个角度去思考创新，最终才可能把问题解决。在此基础上，要建立产品线路图，并且按照既定的节奏和应对，逐个落实。

## 问题需要聚焦和延伸

　　一个产品应该解决一个问题，在一个产品的线路图中，产品未来的迭代

都应该始终围绕这个核心问题去拓展。即便这个问题的外沿可能有必要扩大，也不应该偏离重心。

当我们确定产品线路图的时候，问题应该先聚焦、后延伸。如果你的问题做不到这一点，那么这个问题可能就不适合做一个长期的创业项目。

比如，移动互联网刚开始的时候，流量很贵，有创业者致力于压缩图片，这个问题随着流量价格的下降而变得不再重要。这样的问题就很难建立一个创业项目。而亚马逊致力于让用户以更便宜的价格买到更好的商品，这个目标 100 年后都还有进一步挖掘的空间。再比如，马云想要解决的问题就是"让天下没有难做的生意"，这个目标一样具有长时效性，根据这样的目标，就可以建立产品发现的线路图。

## 大节点和小节点要有清晰的节奏

展开想象比实现想象容易得多。创业者每天都可能冒出上百个有趣的想法，但是要把所有想法都落地，却并非易事。

想要确保产品研发的节奏，就必须要对所有的阶段性目标强制排序，然后根据创业者资源能驾驭（即 100％能实现，75％能实现，不确定但必须要实现等）的程度进行判断，确定自己 10 年内的趋势、5 年内的方向、3 年内必须要做的事。

大节点和小节点就像音乐里的曲风和节拍，只有明确曲风和节拍，才能有最好的控制和节奏。任何一个乐团都很难同时精通不同流派的音乐，对于创业者而言，要把有限的精力集中到少数的想法里。

这个过程就是强制创业者自我精简的过程。只有这样，创业者才会对外界的动向"视而不见"，按照自己明确的进化顺序，"固执"地一步一步走下去，最终实现目标。

## 执行上的细节：分解动作，层层推进

明确了产品线路图，又明确了大节点和小节点，接下来就是执行的顺序。

目前，世界上的产品大多进入了过剩的时代，用户需求早已有了一整套解决方案。对于创业者而言，最关键的是如何把每个细节按照产品路线图规划的那样执行下来。

只有做到这一点，才能让用户拥有良好的使用体验。想要做到这一点，创业者就要彻底弄懂未来的趋势，弄懂当下的节奏，还要把每个环节的问题都逐层拆解，直到成为不可再分的元要素、元问题，然后逐个问题逐个解决。只有这样，才能抓住进化的关键点。

# 以正确的方式推进产品开发工作

想要将产品落地，创业者需要搭建产品开发团队，分解开发步骤，根据排期有序完成产品开发。

在产品开发的过程中，产品原型、团队管理、用户体验和迭代上线都需要创业者亲自参与整合。反之则无法进行有效管理，进而引发后患。

# 完善产品原型

此前我已经反复说过，产品其实就是问题的解决方案。因此，要根据3V原则和已经找到的、用户最关心的核心问题，通过创新工具完善产品的原型。与此同时，必须确定这个产品原型是公司现阶段可以解决的问题。

据此，我们需要把这个解决方案可视化，也就是做出原型图。这些原型图做到高仿真的程度时，就可以交给目标用户，让用户提出问题。这个过程很重要，你不必解释过多，仅仅观察用户的使用过程，就可以找到问题的关键了。

完善产品原型的过程，也需要创业者加入到测验大军中。只有每天不断地使用，才能找到某些地方隐含的小问题。

# 创业者必须成为第一代产品经理

如果创业者自己不是产品经理，就没有办法掌握产品运转和迭代的内在逻辑，也就没有办法为产品注入自己的DNA。因此我的建议是，第一个版本成功之前，不要招产品经理。创业者本人就是产品经理，而且创业者必须深度参与其中，才能给产品留下自己的烙印。

这个过程可能会非常痛苦，不断地碰壁、不断地试错。创业本就是在创造不可能，当然要解决很多人无法解决的问题。所以要突破常规，甄别哪些是可以突破的破局点，哪些又是必须遵守的行业准则。在打造创业产品的过程中，这样的思考会让创业者更好地认清自己，也认清创业企业所在的位置。

# 团队组建和管理

设计早期可以外包，因为工作量不会很大，而且影响因子也并不高。

因此，在最早的时候，创业者＋核心技术人员＋运营推广，基本就可以组建一个 4～5 人的小团队了。

这其中最重要的是核心技术人员。在创业者条件允许的范围内，还是要慎重地招募自己的技术骨干。这个钱不可以省。一个好的技术骨干不仅可以帮你把效率提高数倍，还可以帮你搭建出最好的产品技术框架。更重要的是，他会让整个团队都生机蓬勃。

团队组建以后，首先要解决问题的优先级排序，确定第一代第一个版本要解决的核心问题。因为团队小，请记住，一次只解决一个问题。

在产品开发的过程中，一定要有关键性的时间节点。在时间排期上，不能过于严密和精确，记得留出容错的弹性空间。安排得过于严密的时间表，一旦一个细节出了问题，就会导致整个工期被迫顺延。

设置关键性的节点，既可以让开发更有节奏，也可以避免出现太大的偏差。

在产品开发期间，创业者要把协同放到团队的最高优先级上。大家必须要有协同作战的意识，否则整个团队就会互相掣肘。创业者要时刻留意协作的顺滑度和彼此的满意度，并且坚决剔除团队中的不利因素。

## 不断完善，直至产品上线

迭代的过程没有任何捷径，创业者必须亲自测试产品的每一个环节，不断修正。反复测试 10 遍以上的，基本就可以提交公测环节了。

在公测时，不仅要解决用户提出的问题，更要想用户为什么会觉得这些地方有问题。产品研发的具体过程，可能因人而异，但把握好这些基本的要点，就不会出现太大的偏差。

# 发布前要反复测试：
# 必须搞定的那些细节

每个想要成功的创业者都必须要有耐心，反复练习每一个动作，直到准确无误，确保不会错过机会。

相信每个从事过产品开发工作的创业者都有这样的经历，几个月甚至几年在产品的坑里摸爬滚打，所有的方案从无到有，这个过程是非常痛苦的。但是别无选择，必须沉浸其中，直至将产品打磨成型。

## 不要把你无法爱上的产品交给用户

什么叫爱上一个产品？据说，中国用户每天平均打开微信 7 次以上。

很多创业者做不到反复测试自己的产品。他们只是把测试当成工作,偶尔去翻一翻,然后提出几个自己碰到的问题,丢给开发团队去修改。这样的创业者,连每天把玩自己的产品都没有耐心,又怎么可能开发出让别人爱上的产品呢?

在中国,每天有耐心做无数次测试和体验的创业者,马化腾算一个。据说他可以几个月每天都在使用腾讯的各个产品,不断体验,不断找出更好的方案,这就是腾讯成为腾讯的秘诀。

一个产品之所以好,无非就是创业者沉浸在产品里,日复一日地使用与体验,然后找到最优解。自己爱上的产品,才能让用户一见钟情。

# 每天 1000 次变成"傻瓜"

产品研发到了后期,理想中的概念变成了原型。这时,创业者就是最大的用户,也是最终的产品责任人。创业者应该做的就是无数次地使用产品原型,每天、每时不断地把自己当成"小白"用户——这就是马化腾说的"一秒变傻瓜"。换句话说就是要有同理心,能够体会到用户使用时的场景。

经过无数次体会,创业者对产品的每个细节、每个用途都了然于胸,然后不断揣摩和优化,最终才能站在用户的角度上,梳理清楚产品的每个细节。成功当然离不开运气,但是反复地改进和打磨,才能让自己在机会来临时牢牢抓住。

# 把测试当成最后一次机会

在产品取得成功之前一切都没有结束。测试阶段是产品上线发布前最后的机会，也是最关键的机会。创业者必须用最虔诚的态度，校验和查看每一个细节。

# 每天都要确保产品的
# 最高优先级

美国著名孵化器 YC 的创始人每天优先级最高的四件事：吃饭、睡觉、工作、锻炼。之所以把锻炼放在最高优先级里，是因为不能驾驭自己身体的人，不足以驾驭企业。

如果没有确立优先级，整个公司就会失去方向的指引。而要确保优先级，就必须确保实现整个优先级的逻辑链条完整且没有冗余。

对于创业者而言，建立产品的优先级至关重要。

## 产品的优先级决定了产品的走向

只有确定了优先级，整个团队才能在一个具体的方向上前行，才能推动整个系统一步一步地解决问题，直到目标达成。

例如，谷歌推出搜索时，当时的门户巨头雅虎自身也有搜索功能。为何雅虎最终失败了呢？因为谷歌的最高优先级是让所有人找到自己想要的信息，而雅虎的搜索是要用户优先找到在雅虎网站的信息。前者把用户需求放到最核心的层面去挖掘，后者的搜索只是一个辅助功能。

产品的优先级就是做事的起点，任何一个可能阻碍它的问题，都应该被优先解决。

# 如何搞定你的优先级？

有了优先级，公司才有了真正的管理，整个系统才能更好地在磨合中优化，团队才有驱动力。

那么，怎么搞定你的优先级呢？

如果逆用蝴蝶效应的话，你就会发现，现在任何的细微变化都会对"真正的问题"提出严峻的挑战。那么所谓的优先级，就是确保你要解决的问题、你最终的使命始终处于最核心的位置上，不受任何干扰。这就是创业者真正要做的最重要的事。

这其中，最重要的是把握好不同阶段的节点，掌握好做事的节奏。然后根据节点和节奏的转换，完成最高优先级，同时也进行优先级的转换。

例如，产品上线前，最高优先级是产品的打磨；但在产品打磨的不同阶段，优先级也略有不同。

此外，优先级还必须与 3V 原则保持一致，从而确保其是实现长期使命的最优路径。

## 围绕优先级建立完整的逻辑链条

优先级是思维的革命,但是优先级并不是孤立存在的。实际上,如果优先级的存在不是逻辑性的、系统性的,那么优先级就没有任何价值。例如,一家创业公司明确最近一个阶段的优先级是做大流量,然后他们就不管流量来自哪里、是否有价值,只要流量就要拿来,这样的优先级有什么用呢?

优先级是使命之下工作的排序,进而扩展到年度计划和当月、当天的工作安排。真正的优先级,应该是牵一发而动全身的,具有完整的逻辑链条。优先级和产品逻辑是一个整体,必须围绕产品的优先级打造整个产品体系。优先级的作用是突出公司业务的核心,并围绕它来完善的战略。

明确了你的优先级以后,再完整梳理整个产品的运转逻辑。如果所有的产品逻辑都清晰完整,那么只要不断强调你的优先级,整个体系就会自动向前运转。

# 赢得产品竞争的三大法则:
# 决策、远见和执行

创业者一定会觉得,这一章根本没有讲怎么开发产品,怎么就结束了呢?

其实,我现在讲的就是产品的核心问题。至于产品原型图、具体的执行步骤、内部开发及外包采购等,不过是把问题具象化而已。本书重点讲述的是创业者最容易忽略、混淆或者弄错的问题，意在帮助创业者发现问题，进而寻找针对性的解决方案。

时至今日，过去"一招鲜吃遍天"的创业时代已经过去了，产品的竞争已经演变成为创业者之间的竞争，想要从中脱颖而出，需要具备些什么呢？

# 决策能力：100％信任团队，100％承担责任

曾经有一个传奇的撑竿跳高运动员布勃卡，他每次比赛只提高世界纪录1厘米，并连续多年不断打破世界纪录。而在当下的创业领域这根本是天方夜谭，时代不同了，在产品质量不足的年代，任何一点进步都能成就一家企业。但在当下，产品过剩，大多数被淘汰的产品都没有质量问题，只是在市场营销、用户体验、使用习惯等细节上略有不及，就惨遭淘汰。

产品竞争日趋激烈，这要求创业者放弃过去"做对就够了"的简单思维，全身心地投入到产品细节改进上。这个过程涉及一系列的决策，而其中的每个细节都至关重要。如何调动整个团队的潜能？需要创业者有最大的担当。

创业者必须充分了解团队，了解关于产品和团队的一切细节，这样才能做出决策；同时，创业者也要充分授权给团队，让他们能及时做出对产品更好的决策。此外，无论任何决策，创业者都要承担100％的责任，不能把问题归咎于他人。

# 深谋远虑：创业者进入"全面战争"时代

随着政策扶持力度的加大，优秀的人才都可以出来创业。越来越多的

精英参与到各个领域的创业之中,竞争的激烈使得创业变成了漫漫征途。创业者不仅要做出产品,还要建立一套创新机制,确保产品可以不断升级迭代。想要产品长久地保持成功,创业者必须始终站在第一线。

"局部战争"时期,只需要"一招鲜"就能制胜;"全面战争"时代,则必须要有远见,考虑清楚"战场"上的所有要素,进而做出正确的决策。

# 铁腕执行:每一个细节都足以致命

只有深度思考才能让创业者做出更有远见的决策。而要想让决策准确落地,还需要根据已有的资源做到严格执行。

这个执行包括:创业者要亲自测试产品每一个环节的操作,搭建公司的流程,培养管理层……从用户需求到产品落地的整个过程,创业者的任何决定都能定企业的生死。

无论是模式、品控,还是校正,都应该在创业者的引领下,把每一个细节落实到位。这个过程,除了创业者,没有人能掌控得了。

等将来产品上线,模式落地,创业者就要集中精力不断地监督流程的正常运转和产品的升级迭代,确保公司处于上升期。虽然此时有些工作流程可以交给他人来监督,但是在品控和校正环节,创业者仍然责无旁贷。

从这个角度来看,在全新的时代,市场不再有一劳永逸的获利机会。创业者不要轻易创业,一旦创业,就要做好挑战一切并且永远挑战下去的准备。

**小 结**

　　我们已经进入产品过剩的时代，在性能过剩、竞争白热化的情况下，比拼的将是每一个细节、每一个体验以及每一个打动人心的功能点。 这些不是靠员工努力就能做出来的，而是在最合适的企业文化中，由创业者带领大家不断深入钻研用户的产品哲学，最终挖掘出来。

第五章

不懂市场与营销？
那你就死定了

# 创业者，你想清楚
# 该怎么赚钱了吗？

创业不是"过家家"，最终的目的是要把产品销售出去，就是要赚钱。

对于绝大多数创业者而言，只有赚钱，创业才能被证明是有价值的、成功的，企业才能持续地运转下去。

在我们谈到市场和营销的时候，我们先要把"赚钱"两个字烙在创业者的骨子里。这是这一章的核心。

## 赚钱是创业的前提

如果我有机会给创业者讲课，那么热身口号一定是："我要赚钱！"

创业是最简单直接的商业行为，赚钱是最直接明确的动机，只有把这个作为创业的基础判断，才能时刻保持脑子清醒。

根据以终为始的原则，只有在创业之前就思考好生存问题，只有把赚钱

作为核心议题,创业才是靠谱的。

传统的商业模式基本上要先考虑清楚如何赚到钱,再进行创业;现在在风险资本的推动下,大家可以基于某种构想而进行创业。但万变不离其宗,赚钱才是创业的本质。投资人敢在创业者不赚钱时投资,是为了将来赚几百倍甚至上千倍的风险收入。

在创业的过程中,我们可能会有漫长的阶段赚不到钱,但起码应该确保我们在赚钱的路上行进。

# 赚钱的方式

创业者要想清楚自己的赚钱模式:要么直接赚钱,要么拥有可以赚钱的用户。

直接赚钱比较容易理解,即产品的售价高于成本,直接出售产品以获取收益。而像维基百科这类的公益网站,依靠募捐来运营,也是一种生存模式。

# 间接赚钱的判断标准

间接赚钱的核心就是,以低成本获取可以赚钱的用户。间接赚钱基本上限定在两种模式里,或媒体,或平台,本质上都是流量变现。免费、用户量是间接模式的基础,也是其护城河。

例如:现在的百度、微信和淘宝,其技术都可以被复制,但是大家却无法打造一个新的百度、微信和淘宝,因为海量的用户体验使产品持续不断地进行优化。平台化的产品，用户量就是其护城河。

那么，如何判断间接赚钱是靠谱的呢？前提就是看获取用户的成本和变现后的价值。

假设一个平台到1000万用户才创造价值，而每个用户创造30元的价值，那么获取一个用户的成本就不应该超过12元。

从这个角度看，我们就知道为何此前的O2O浪潮会无疾而终。买用户的成本远高于用户能带来的价值，而且留不住用户，项目垮掉是必然的。

另外，还有一部分创业项目自身无法赚钱，所以选择了导流。例如，搜狗用搜索弹窗推广搜狗浏览器，再通过搜狗浏览器转换搜索用户，然后通过搜索赚钱。360也是如此，这也算是间接赚钱的一种模式。

因为转换率很低（原生用户转换率一般不超过20％），这一模式的前提是用户量足够大，用户获取成本几乎可以忽略不计。如果用户是"买"来的，这些用户几乎不会有任何转换。


# 3V 法则：
# 搞定创业中不变的锚点


创业者每天要面临纷纷扰扰的工作，怎样确保所有的工作都是有序、有价值、能够共同作用在核心目标上呢？

我推荐3V法则作为创业者梳理内部流程的基本锚点。在创业的过程中，3V应该成为创业者面对纷扰变动时恒定不变的3个锚点，让我们在瞬息万变的市场中，始终认清自己是谁、在做什么。

# 愿景（vision）

愿景的价值不仅仅是你想象一个远大的目标，更重要的是，要做到逻辑上可以实现。

愿景是灯塔，没有愿景就看不清楚远方的路，就会失焦。对于企业而言，只有远方的愿景确定且唯一，做出的选择才会兼顾当下和未来。如果不能明确未来的方向，那么短期遇到阻碍肯定就会绕路而行，也就会离目标越来越远。

愿景不是你随口说的目标，而是人们能够感知的或者想象得到的未来图景。如果初心足够简单，而愿景又很清楚，不仅团队成员，就连用户也会倾向于支持。

# 初心（very beginning）

初心是我们的起点。我们怎么做事、为什么做事，答案都在这里。我们时刻要以初心来衡量哪些事情应该做、哪些事情不应该做。

如何优化和提纯自己的初心呢？首先是动机。乔布斯说过，"随着年纪的增长，我越发懂得'动机'的重要性。Zune的失败，是因为微软公司的人并不像我们这样热爱音乐和艺术。我们赢了，是因为我们发自内心地热爱音乐。我们做iPod是为了自己，当你真正为自己、为好朋友或家人做一些事时，你就不会轻易放弃。但如果你不热爱这件事，那么你就不会多走一步，也不愿意在周末加班，只会安于现状"。

其次是直觉。相信自己的直觉，把具象的问题抽象化，然后再返回具象。不断地提炼，直到最接近本质。

直觉并不天然正确，但直觉提供给我们天马行空的想象，提供给我们某些不被察觉的细节。我们可以用逻辑来查验所有的直觉，但直觉让我们有一个起点，以找到正确的方向。

最后是简化。创业者的初心应该用一句话就可以说清楚。

面对初心，一定要对自己诚实，任何的不诚实都会带来后续的问题。这就像打地基，如果我们忽略其实已经存在的漏洞，后续就会耗费几百倍的精力来修复它。

# 价值观（value）

在愿景和初心明确之后，要确立可以执行的核心原则，并且不断地修正，直至逻辑清晰、简单。

这就是价值观，用正确的方式，确保初心不变、愿景实现。

正确的价值观很重要。没有信念，所有的困难都是大山；有了信念，困难就成了垫脚石。让每个人做的事情都有意义，大家才有自发的动力去成就自己、成就公司。

# 合而为一

最后，要把 3V 融合到一起，做到逻辑上没有冗余，形成完美的闭环。更重要的是，要在动态调整的过程中，和每个人讲清楚内在的逻辑，并且让大家确信这些目标是可行的。最好的做法是，把这一切沉淀到公司流程里，

通过流程来把握和理顺大家的行事规则。

任何一点冗余都可能让企业陷入纠葛,不仅造成管理上的困难,甚至有可能影响到产品。因为团队是由人构成的,产品是由人开发的,每个细节上可见的漏洞,都可能会成为执行中不可知的黑洞。

3V原则就是明确创业者在现在和未来都不会变的锚点,以保证企业创新有据可循。


# 产品上市的第一步,<br>如何让别人注意到你?

任何未经验证的能力,都不能称之为能力。同样,如果你的企业没有经过任何验证,就不要幻想资源会主动来找你,即便你去找别人,别人也不一定会注意到你。

于是,陷入了僵局。


## 你为产品做了哪些准备?

产品被认可是一种能力,这种能力在我看来,有三个的方面体现——被身边的人认可,能够说服陌生人相信,用户对此感到满意。实现其中的一种,都算完成了产品的第一步准备。

被身边的人认可,说明你的产品有独特之处,这种独特之处会让你更容易获得创业伙伴。

能说服陌生人相信，要么是你语言魅力强大，要么是你的产品靠谱，有了这样的能力才能在市场、品牌和推广方面建立优势。任何一家企业都是需求驱动的，而需求驱动就意味着营销和品牌先行，说服能力是非常优秀的品质。

用户对此满意是指大家觉得很好，此时你就不用担心生存问题了，投资人会去琢磨怎么帮你吸引用户。

在创业之前，你就是自己唯一的背书。无论是面对用户、团队还投资人，你都要记得这一点。

# 做好所有的铺垫

当你准备推出产品时，你应该把涉及产品的各个细节都做足准备。

创业很多时候是兵来将挡、水来土掩，但是在运营推广等方面，必须要做到准备充分，才能吸引用户注意。

这些铺垫分为两个部分，第一部分的铺垫来自背景烘托。产品生产出来就是为了解决外界的用户需求，那么在产品面世之前，就要把这个需求的点不断放大，把痛点和当下的不足反复梳理，让用户对这个需求感受更加强烈。与此同时，进一步对产品进行校正。这样产品出来时，大家才容易产生共鸣，进而理解产品的价值。

第二部分的铺垫来自产品本身。要把产品的各个细节都准备好，要能有针对用户的清晰描述，选择用户喜欢的语言进行沟通。

当上述内容都准备好之后，就可以蓄势待发了。

## 形成交响乐,而非噪音

无论是否有发布会,当新产品面市后,都要在或大或小的圈子里进行传播。因为创业者资源有限,所以一定要提前几个月,全方位准备迎接产品的"第一声啼哭"。

发布时最好只针对一个印象深刻的点展开推广。这里有个很重要的问题,创业者一定要准备好特定的推荐语。推荐语直指核心,让大家强烈地感受到产品的价值。

推荐语不仅要体现产品自身的特点,还要符合推荐人的气质和特色。这项工作看起来枯燥无味,但是做不做准备,可能是百倍甚至千倍的差距。

# 市场团队必须参与产品设计

没有渠道,不懂营销,即便有好的产品,也很难走出去。更何况面对各种"伟大"的抄袭者或者致敬者,没有渠道的创业者,一开始就注定不能成功。

对于创业者而言,品牌和销售应该尽早规划。知道如何销售,才会确保一开始的方向没有跑偏。而品牌的建立不仅可以帮助完善产品,而且对后续的销售、融资也有极大的帮助。一个不习惯和市场打交道的创业者,很难赢得市场的关注。

因此，市场团队从一开始，就应该加入产品设计的工作。虽然，市场团队的参与会加大产品设计的难度，但是，只有市场团队深度参与产品设计，才能在一开始就与市场对接。

# 任何一个公司，核心驱动力都是市场

很少有产品不需要销售，就连谷歌、苹果、微软、甲骨文、亚马逊都要依靠销售才能取得成功。对于创业者而言，销售就更加重要了。没有成功的销售，就没有产品的未来。

产品是给用户用的，但产品必须经过市场的销售才能抵达用户。市场团队奋斗在第一线，没有人比市场团队更了解用户的心理、用户的需求。

所以，销售是企业运转的核心驱动力，它会让你知道精力应该放在哪里——和一线人员站在一起，做出最好的产品，销售给最需要这些产品的人。

# 市场是产品设计的一部分

在公司正式运转之后，就应该把市场作为产品开发的重要依据，让产品、设计、技术、营销等各个负责人共同参与产品开发，大家共同讨论用户的需求、问题的关键，这样才能确保产品的成功。

市场团队参与产品，等于在给未来的销售"埋点"。这样，大家就能一起构想未来，并且开始考虑在未来的工作中会遇到哪些问题，应该怎么解决。这期间的整个创造力是无穷的。

市场负责人应该在第一时间就加入创业团队,并且全面参与到产品的研发之中。最好的销售、最好的产品,二者不是孤立存在的,而是紧密共生的关系。如果二者割裂、剥离开来,产品和市场都很难形成重大的突破。

# 市场团队的工作

让创业团队共同实现一个目标,不仅需要工作方法,还需要执行的工具和明确的利益驱动。这些工作都不可能一蹴而就,除了职业训练之外,还需要时间磨合。

为了更好地推动产品走向市场,市场团队需要在多个方面持续、深入地跟进。

在公司定位上,市场团队必须参与其中,以更直接的方式把定位表达出来。

在产品设计上,市场团队可以从销售的角度,探讨用户痛点的解决办法。能说服市场的产品,才更容易获得成功。

在市场营销上,只有市场团队一开始就介入,并且知道产品的发展方向、最终方案,才可能尽早建立营销策略,并且在早期就开始预热。这种持续预热、不断完善的营销方案,其爆发力会远远大于产品上线时"临时抱佛脚"的营销。

创业初期,公司的重点往往集中在产品开发,但是市场团队应该是指引开发的罗盘之一。创业者需要根据自己的资源排兵布阵,销售环节是一定不能弱化的一环。只有市场团队真正熟悉市场,并且能对产品提出切中要害的建议,最终产品和销售才能完美地融为一体。

# 增长! 增长! 增长! 营销的使命

创业必须基于销售才能成功,那么创业者就必须学会拥抱甚至热爱销售。

那么,如何做营销?

初创团队一般组织不起来完备的营销团队,因此往往是全员营销。这个时候,界定营销的目的以及如何有节奏地营销就至关重要了。

营销有一系列的方法论,每个企业都需要根据自己的需要建立自己的营销方式。营销并无固定套路,只要能系统地促进产品抵达目标客户即可。

营销的目的就是促进销量增长。现在很多企业都取消了首席营销官(CMO),而设立了首席增长官(CGO),以统一领导市场营销、商业战略、用户服务等业务。

## 快速增长是唯一的目标

首席增长官的出现,应该得益于增长黑客(growth hacker)这个概念。肖恩·埃利斯(Sean Ellis)在 2010 年提出,增长黑客是将增长作为唯一目标的人。

实际上,无论是否引入"增长黑客"这个概念,在创业者心中,都必须要

把快速增长作为企业发展的核心指标之一。

对于创业者而言,通过确定创业产品的目标用户以及创业企业自身所处的位置,找到二者最佳的连接方式并且通过营销手段完成这一连接,这就是营销的全部价值所在。

同时,在列举了所有的可能性以后,需要对全部营销手段进行优先级排序。在排序的过程中,优先假定没有任何营销费用,应该如何完成这一连接过程?其次,优先使用投入人力最少且可以复用的营销方式。在这两个前提下,我们需要不断地聚焦、优化,最终得出属于创业者自己独有的营销方案。

与此同时,我们还要看活跃度和留存率。才是有价值的。一旦在运营的过程中遇到阻碍增长的问题,就要动用资源迅速解决掉。

# 从 0 到 1 的冷启动

从 0 到 1,最好的办法是直击痛点,让用户用了就想再用,用了就想告诉别人。

大多数时候我们刚创业时都比较稚嫩,产品也未成熟,这个时候就要通过营销来弥补产品的不足,同时抓紧完成产品迭代。

冷启动最难的不是数据的增长,而是符合 3V 原则下的有序增长。这个过程不仅仅要实现目标,还要通过增长反过来改善产品现存的问题,进而实现产品的自传播、自增长,而这也正是营销的核心。

在互联网时代,所有人都要围绕产品去发力。所谓营销,也就是要让产品自身获得高于同行的竞争力,这才是冷启动真正的涵义。否则,就算你用补贴的方式获得千万用户，一旦补贴停止也是一地鸡毛。

真正的冷启动，是要通过营销来找出产品的优点和问题，不断改善，最终让产品获得吸引力。

## 从 1 到 10000 的快速发展

增长是通过目标来实现的。从 1 到 10000 乃至无穷，最重要的是掌握节奏，确保产品能够始终适应业务发展的需要。不同的时期要有不同的节奏，这些节点最好创业者在一开始就有设定和预想。

增长，增长，增长，创业者应该始终通过增长来驱动业务，在增长中发现问题、改善产品。营销的价值就是针对具体目标采取行动，不断为产品注入活力，确保产品的自增长、自传播，同时提升品牌的美誉度。

在这个过程中，建议创业者把核心指标渗透给每个团队成员，让每个人都记住并且留意这些指标。当大家都知道应该做什么的时候，大家才会努力去做。

# 征服市场，
# 创业者需要做的准备工作

先发现市场后研发产品，这是创业成功的前提。了解市场是创业者一开始就必须面对的。如何才能了解市场，并且在市场上脱颖而出呢？

# 洞察市场先机

找准定位,抓住时机,必要时孤注一掷。在市场拓展的过程中,守正出奇是永远不变的法宝。"奇"是市场存在的价值,而"正"则是价值存在的基础。创业者必须清楚地了解整个市场,知道自己的战斗阵地在哪里,此时已经赢了一半了。

举个例子:联通因为主动拥抱 3G 占据了先机,错失一步的移动通过布局 4G,在后续竞争中扳回一城。而那些没能跟上 4G 的,现在可以着眼 5G。

无论未来多少变化,总会有一些必然到达的点,这个点就是移动靶,捕捉得准的话便能抢占先机。

# 找准市场定位

哪怕创业者的产品目标是征服全世界,也需要有一个锚点,所以定位必不可少。

很多创业者对于市场定位缺乏有效的理解,往往会用"我是最具创新力的""我要成为行业中最好的""我是性价比最高的"等直白的描述。这样的定位,在市场中根本没有任何效果。

定位,是基于市场的判断得出来的结论。如果脱离了市场,或者无法在市场中发挥效果,那么就没有任何用处。

首先,创业者要充分了解市场情况。

其次,创业者要确保找到领先的产品维度。

最后，还要用市场最能接受、最能占据用户的表达方式描述这一产品定位。即把产品中最其革命性的地方，翻译成用户能自我传播的语言。

"苹果重新发明了手机。"这是一个噱头，也是一个事实，没有什么比精准且恰当的事实更具有传播力的了。找到这样的事实，然后精准定位自己的产品。

# 抓住时机，孤注一掷

不同的产品，市场策略完全不同。

如果你的产品是一个革命性的全新品类，就要提前半年左右的时间发布。持续预热，让用户了解和熟悉产品，进而在产品发布时，培养早期用户，iPhone 就是用这样的策略。

如果你是在一个成熟的领域发布新产品，就要找到创新点在哪里，是否能让消费者一下子就记住？同时记得，发布会后 1～2 周就销售新品，间隔太久，用户会遗忘你的产品；立刻发布，则少了一个新闻持续的热度。

用户眼中的创新性来自市场的比较，产品差异在哪里？哪个产品体验最好？一系列的比较决定了用户的选择。因此，创业者要从市场比较的角度挖掘产品的特色。

市场从来不缺资源，所以要敢于打拼，迅速制定合作策略，取得多赢的局面。一旦发现市场机会，就集中全部资源，让整个团队迅速出发、全力以赴，而不必等到技能完全成熟。

# 相对于了解对手，
# 了解自己才是关键

电影《怒火救援》里说：没有天才，只有是否训练有素。创业里的每个细节也是如此。

创业，本质上是要建立一系列的逻辑链条，使之能够更高效地整合社会资源，为社会创造更大的价值。真正伟大的创业心态，应该是保有恐惧、保有坚持。

## 人不可自知

如果我们不知道自己在市场中所处的位置，那么决策就会出现偏差。但每个人都是主观的，对于和自己越近的事，判断就越不准确。俗话说的"人不可自知"，就是这个意思。

但对于创业者而言，必须做到了解自己。大多数企业在市场上的失败，不是因为不熟悉对手，而是因为不了解自己。

## 知己才能知彼

知己是知彼的前提。如果对自己都判断失误，那对其他人的判断也不可能准确。

清楚地了解自己之后，我们就能通过横向和纵向的比较，了解市场、了解对手、了解未来。

知己是立足当下，知彼是奔赴未来。知己知彼之后，创业者就会非常清楚地看到自己的目标和未来的道路。

1980 年，CNN 成为全球第一个 24 小时新闻频道。当时所有的人都等着看特德·特纳的笑话，结果 CNN 迅速成为传媒巨头，甚至可以和当时的三大广播网平起平坐。当时大家都觉得新闻制作是亏本生意，但是没看到全球经济和信息一体化之后，信息会带给经济的巨大影响。

2003 年，刘强东弄清了电商的核心逻辑——让用户拥有最高的体验和最低的价格。他唯一做的事就是优化供应链，而这最好的方式就是自建供应链。在所有互联网人的嘲笑中，京东默默地完成了自己的供应链体系。

如果创业者对自己缺乏准确的认识，就根本做不到了解外界、了解市场，更谈不上有效地应对了。

# 自我怀疑是最好的解药

很多创业者有非常良好的素质，面对问题毫不胆怯。但这本身并不能解决问题，盲目自信是创业的大敌。

我们面对市场，可能因为不了解而盲目自信，遇到挫折又自我怀疑。可以说，每一位伟大的创业者在蜕变之前，都被自我怀疑严重地折磨着，直到他们剔除所有外在要素，剩下本真。

只有这时，创业者才算真正地了解自我；也只有这时，创业者才能看清楚世界。

# 移动靶：创业者
# 必须要过的一关

创业是幸福的，因为可以无限创造；创业也是痛苦的，因为一切都不确定。产品层出不穷，每 3 个月就有一批产品诞生，每 3 个月就有一批产品被淘汰。其中，最难把握的就是用户的心态，也就是产品的移动靶。

## 什么是移动靶时代？

过去，互联网时代基本上也是固定靶。你想看新闻？有新浪，有雅虎；你想打游戏？有 Xbox，有腾讯。只要产品做得不错，用户就会来找你。固定靶的特点就是中心化，中心化存在于卖方与买方的角力之间。

但在移动互联网时代，一切都变了。在我看来，移动互联网带来了几大变化：

1.去中心化。既然不存在一个业界权威了，自然就是用户说了算。

2.基本需求之上，个性化需求开始起决定性作用。

3.既然个性化需求起决定性作用，也就意味着未来更难捕捉了。

这就是我一直在提的移动靶。在大的需求里，每个人都在追求自己个性化的一面，导致需求变化越来越快；而且随着社会进化和个人成长的加速，每个人需求的自我迭代也很快，对产品的需求瞬息万变，很难捕捉。

移动靶时代，问题并不完全笃定，唯一确定的就是不断地寻找问题。而答案？没有标准答案。在移动靶时代，人们终于认识到，我们不必寻求社会的认同，满足自己的需求，就是问题的答案。

# 3V 是创业中产品唯一能锚定的事

在移动靶时代，有哪些锚定不变的点呢？

从社会整体来看，创造更美好的生活是我们进步的最大动力。也就是说，美是未来一切产品的刚性需求，美就是未来。

从创业者的产品来看，在追求美好的前提下，想要把握好移动靶，就要找到瞄准移动靶的准星。这个准星就是上文提到的 3V 原则：初心（very beginning）、愿景（vision）和价值观（value）。

# 清零是每天的必修课

结移动靶的捕捉非常难，需要创业者不断返回原点。我们常常会在产品推广的过程中，重新发现和了解用户的需求，然后带着这些新发现回到起点，重新梳理产品运营的流程和细节。

如前所说，如果我们不能做到每天清零，就势必会在原有基础上进行简单粗暴的叠加，产品就会臃肿不堪。

清零是非常痛苦的事，但这完全不可避免。当创业者不断追寻着移动靶，反复练习，就会察觉到这其中的规律有迹可循。

# 如何让产品不断产生多巴胺?

多巴胺是一种神经传导物质,是用来帮助细胞传送脉冲的化学物质。这种脑内分泌可以将兴奋及开心的信息传递,也与上瘾有关。

为什么有的产品让大家乐此不疲,有的产品却效果甚微?

如果我们用物理的视角去看一个产品,没有持续的动力注入,体系一定会走向衰减。要保持体系的活跃度,就要不断地注入动力。这个动力的注入可以被称为产品的多巴胺。

当我们把产品推向市场并且开始运营时,一定要有"多巴胺"这个概念,这样产品才会有自驱力。要做到产品有自驱力,就必须要把产品做到极致,让用户感受到心意。在本节的论述之外,大家可以参照阅读《黑客增长》这本书。

## 多巴胺从何而来?

不断地将多巴胺注入产品,产品才能保持活跃度。这个注入又分为两种情况:

1. 外部注入。最简单的例子就是新浪等门户网站。工作人员必须持续保持网站内容的更新,整个社区才能保持活力。想象一下,如果新浪网停止更新1个月,之后人们可能就再也不想去那里了。

2.内部产生。比如蚂蜂窝，一群网友自己在上面输入内容，然后彼此消费这些内容，进而吸引更多用户加入其中，保持活跃度。

# 建立产生多巴胺的运营机制

产品与产品之间的差别可能很小，但社区多巴胺产生的能力却各不相同，最后的路径也就完全不同。

举个例子，为什么众多微博里，只有新浪微博活下来了？

新浪微博诞生时，大家都被这种全新的社交媒体形态所激活。每个人都在疯狂地贡献着社区多巴胺，这又进一步促进了社区的繁荣。

新浪微博的明星、大V们生产的内容（哪怕很多价值不大）会带来粉丝的欢呼。也就是说，明星导向的整体内容的可看性是比较强的，是能够产生社区多巴胺的。

腾讯微博进入后，并没有带来全新的多巴胺生成机制，大家来了一看，都是一样的人，说一样的话，无法产生更高级的社区多巴胺，大家感觉没劲，用户就流失了。

当然，从多巴胺运营机制上看，新浪微博的明星导向也存在一定的问题：生产优质内容的少，看客多，这导致了金字塔结构的衰减之势。所以，现在的新浪微博也花费了巨大精力，建立优秀内容的发现机制，刺激多巴胺的生成。

# 多巴胺是产品运营的核心

任何一个产品，如果没有给用户提供足够的多巴胺，就很难生存下去。

一个社区的生或死，表面上来看是人能否聚集，其背后是你组织这一体系的优先级是否正确，能否让用户在这里产生更多的多巴胺。如果可以，再小的群体都可以爆发式增长；如果不能，汇聚千万人也会作鸟兽散。

从这个角度来看，运营就是和人打交道，就是把渠道、内容、活动和资源都对接起来，促进多巴胺的生成。

最开始，多巴胺往往是创业团队主动注入的。通过对用户产生的内容进行筛选、优化，让每个人的消息都能够更好地传递以及更好地产生多巴胺，这样才会激励社区自我创造。到了后期，团队就应该考虑如何把多巴胺生成的机制显性化，让好内容自动浮出水面。

只要解决了这个问题，产品就有了后续的想象空间。

# 如何搞定企业在市场中的"人设"？

什么是企业形象？按照现在的流行说法，就是企业的人物设定。

为什么这一点很重要？对于创业企业而言，塑造人设是打造品牌的关键环节。这不仅是我们对外营销的需要，也是管理上非常重要的环节。如果团队成员都知道自己企业的定位、走向，那么所有人的目标就是一致的，这就会推动企业的自我管理和自我进化。这对创业企业自身是最好的推广。

# 为什么要有"人设"？

仔细想来，"人设"这个词发散着一种想象，暗含企业形象的整体预设。

企业的"人设"，必须要从用户的直观感受出发，让用户对企业产生深刻的印象，这样才方便大家接受和理解你的产品。

# 如何打造"人设"

创业者可以先具象地构思出创业企业的"人设"框架，然后根据情况的不同，进一步完善各个细节。

企业的"人设"越简单越好。

对于创业企业内部而言，搞清楚自身的设定，才能统一整个创业团队对产品的理解。到时候，大家根据统一的设定优化每个人的行为，工作才能越做越好。

对于创业企业外部而言，搞清楚企业自身的设定，才能挖掘出各种和用户相关的连接点，才能进一步发掘企业自身的闪光点，进而推动品牌建设。也唯有如此，用户才会通过对企业产品的持续挖掘，最终形成对企业形象的印象。

# "人设"的一致性原则

光有"人设"的概念还不够，最终，要让产品根据既定的"人设"落实细

节,并保持一致性原则。而且,创业者必须意识到,每个团队成员都是企业
"人设"的一部分,也是企业"人设"的执行者。

# 品牌的价值

"人设"完成后,品牌也就呼之欲出了。一个完整的企业"人设"包含很
多层面,而品牌则是选取其中最出色的地方,呈现整个企业特质。如果说
"人设"是创业者内在品质的要求,那么品牌就是企业品质和市场之间的
对话。

## 品牌是产品在市场上的呈现形式

有人说品牌将会消亡,而我则认为恰恰相反。

过去,做产品和做品牌是两码事。基本上都是先有产品,再打造品牌。
但是未来二者将会融为一体,没有品牌就没有产品。如果你的产品没有清
晰的形象和颠覆性的创新,就没有办法挑战过去的品牌。

品牌已经成为产品的一部分,做品牌就是做产品,做产品就是做品牌,
二者不可分割。

# 品牌让产品聚焦

创业者一定都有一个感受，过去打工时束手束脚，而一旦创业就发现无尽的市场、无数的机会，虽然说着要收敛，但还是觉得机会不抓可惜了。

2017 年年初，有一个创业者反思过去几年走过的弯路，他说：几年前发现所在的市场是一片蓝海，一口气开发了 30 多个产品，把市场的各个方面都覆盖了，结果企业几乎死掉。意识到不够聚焦后，他砍掉了大部分项目，只选择了很小的切口深耕，现在已经融了几轮资，发展很好。

品牌是产品的聚焦器，好的品牌应该让所有人都能聚焦到公司的产品上。说起百事可乐，你会想到什么？说起沃尔沃，你又会想到什么？好的品牌始终沿着用户理解的方向在前进。

# 品牌可以和用户互动

在这个时代，品牌不再依赖专业机构的包装和塑造，而是依赖于产品内在的特质。换句话说，未来的品牌塑造依赖于每个普通用户。

和过去相比，品牌不再是一个高高在上的静态形象，而是一个可以随时和用户互动交流的人格化形象。

创业者必须通过多种渠道和用户直接深入地对话，而每一次对话、每一次碰撞，都是在给品牌增加内涵。这种对话并不仅限于品牌本身，还体现在产品自身的品质、价值观、售后、环保、公益等方方面面。创业者应该借助品牌打造出一个优秀的"企业公民"，以更好地参与到这种互动之中。

企业在和用户互动的过程中,会叠加进用户的诉求。而品牌形象就是企业所有行为的集合,是"别人所看到的关于你的一切"。

除了和用户对话,创业者还要和团队对话,把品牌的烙印印刻到每一个团队成员身上,让品牌能够和产品以及创业团队的行为保持一致。

# 新形势下,塑造品牌的注意事项

用品牌定义产品。那种先做产品再来叫卖的方法已经行不通了,因为当下用户的决策过程是,首先选择自己认可的品牌,然后再在里面选择自己心仪的产品。

没有品牌的塑造,创业者的产品就很难脱颖而出。

## 品牌是创始人工程

品牌是产品可延续的前提。未来的品牌和产品是一体两面的,品牌和企业文化、外部形象、产品发展路线都息息相关。新形势下,品牌塑造的方式也和过去完全不同,全民参与的品牌模式会让市场产生几何级效应,好与坏都在瞬间发生。

这对创业企业的品牌塑造提出了更高的要求。过去,企业品牌的建设过程中有较高的容错率,有些时候浑水摸鱼也很难被发现;现在,品牌则要求由内而外、知行合一。

既然品牌与整个创业团队展现出来的行为息息相关，那么品牌建设就必须是一把手工程。创业者必须成为第一责任人，把品牌的建设放到最高优先级。

此外，品牌还可以帮助企业构建产品线路图，避免创业者做产品时过于天马行空。通过构建品牌，创业者可以清楚地知道自己到底想要什么。

# 锁定用户做品牌

企业先锁定用户，然后同步完善产品和品牌，这一过程本身就证明了品牌其实是先于产品的。针对目标用户构建品牌的过程，就是发现和验证需求的过程。一旦需求确定，解决方案就是产品本身。

在品牌塑造的过程中，创业者要不断地明确目标用户的画像，不断地明确目标用户的需求，让用户画像、用户需求和品牌之间三点共线。

# 少就是多

创建产品品牌不容易，维护一个品牌就更加不容易。

对于品牌产品而言，卖掉产品之后，和用户的互动才刚刚开始。按照模式、品控、校正三原则来看，品牌首先要确保模式可持续，质量过硬；然后要确保产品的品质不出问题，售后服务得到保障；最后产品还要能持续校正升级。

当创业者确定了品牌，思维模式就会变得兼顾长远和品质。为了确保产品的整体性，创业者会花巨大的精力来构建内部流程，确保每一个细节都

能按照预期实现。

要做到这一点，需要牢记"少就是多"。这个理念适合创业领域的所有思考，其核心就是做尽可能少且正确的事。如果一件事创业者并不确定是应该做的，就应先放到一边，把该做的事做好。

# 初创企业
# 应该如何开好一个发布会

新品上市，要不要开发布会？一般来讲，在创业者还不足以成为行业变量之前，开发布会的价值并不大。只有找准了自己的定位，并且明确这一波宣传是有竞争力的，这时的发布会才有价值。

## 不必急于开发布会

牢记发布会的宗旨：会议的形式其实不重要，关键是有没有足够的干货让参会者去传播？

发布会是为了吸引媒体报道和事后传播，如果没有足够震撼的效果，投入和回报未必成正比。

在创业早期，日常的媒体沟通远比发布会重要。

# 从预期效果倒推发布会的形式

发布会分很多种，有针对目标用户的，有针对消费者的。但大多数初创企业开发布会，都是针对媒体的，希望通过媒体扩大宣传。

这个时候，建议初创企业的发布会规模不要太大。最好是所在圈子里相熟的记者，外加一些合作伙伴和种子用户。

根据发布会的预期目的，创业者可以倒推发布会的形式。例如，有些内容逻辑性很强，需要仔细体会才能理解，那进行小范围（甚至一对一）的内容展示最好。

# 让每个到发布会现场的人都感到兴奋

在做发布会的过程中，要想着如何让每个人都成为赢家。有些发布会之所以成功，是因为每个去现场的人都感觉物超所值，兴奋带来的主动传播会感染所有人。

要做到这一点，需要考虑以下细节：

首先是会议规模。

当决定开一场发布会的时候，要严肃考虑发布会的规模。不是越大越好，订了 200 人的场地来了 70 人，和订了 50 人的场地挤进 70 人，哪个看起来气氛更热烈？

其次是外部环境。

以北京为例，五环外的大场地和创业大街的小咖啡厅，可能后者更受参

会者的欢迎。交通的便捷,会让参会者更愿前往。

最后要考虑现场效果。

内容输出上,如果你是做智能硬件的,能请来红杉资本合伙人在现场谈对智能硬件的看法会更吸引眼球。

情绪调动上,小米送出的惊喜、魅族的音乐发布会,都让参会的人惊喜、尖叫、发朋友圈,自然就有了好效果。

媒体方面,要为媒体准备好各种细节,录音整理(或演讲稿件)、行业分析(摘取相关数据、言论、分析报告)、意见领袖的看法等,越详细越好。这样的准备便于记者更好地拓展他们的写作思路。

## 现场控制

发布会的现场效果,来自对每个环节的精准控制。

首先,流程和内容要精准控制。

发布会要多次彩排,每个环节的内容都要进行审稿,切忌让嘉宾用一套讲了1年的PPT过来炒冷饭。每个环节都严格围绕发布会的主题展开,内容紧凑,现场效果才能出来。

对于创业者而言,演讲一定要有节奏,要会讲故事,不要把自己想传达的要点列成表逐个灌输给用户。

其次,制造戏剧冲突,调动观众情绪。

如果你的产品真的解决了什么痛点,不要忌惮表现它们。只要你有这个神韵,就会把大家带入相应的场景中去。要敢于制造冲突把自己想要表达的核心变成争议性的话题,让与会者印象深刻。

最后，要根据现场状况随时应变。

在发布会的过程中，要不断地观察观众，确认他们在听。如果观众没有在听，可以停下来喝口水或者就安静地看着大家，几十秒内，观众的注意力就会回到你身上。再比如，发现现场观众走了一半，就鼓动大家聚到最前面。

# 怎样搭建市场传播体系？

"我是谁？我在帮用户解决什么问题？用户为什么需要我？是不是特别需要我？"

很多硅谷的人都会说：找到 100 个真爱粉，一直做到他们满意乃至狂喜，然后让他们帮助你传播。这个方法其实是要告诉创业企业，不要盲目做数量，而要专注做质量。我建议大家按照以下三个步骤来建立自己的传播体系。

# 目标

在搭建传播体系之前，创业者首先要明确一点：你希望传播在创业过程中起到怎样的作用？有的创业者希望传播能解决所有的问题，融资、推广、用户量……如果追求的目标太多，最后可能一样也做不到。

传播的核心目标就是梳理品牌形象，传递企业的核心价值观，它并不能

从根本上解决其他问题。

当我们把品牌梳理清楚之后,需仔细分析相关的品牌形象确定应该采取的传播方式、传播路径。

# 路径

品牌形象不会直接产生作用,但会持续地对产品发挥影响,进而影响到企业和其他方面。

实现目标不能仅靠盲目摸索,而是要与创业者拥有的资源、擅长的能力等结合到一起,根据产品的构想和自己的 3V 原则,选择出最适合的传播路径。

确定了整体路径后,我们不可能一下子就抵达目标的终点。创业者应该根据目标建立不同时期的节点,确保每一阶段都能按时完成节点的要求,并进入下一个阶段。

不同的人有不同的主战场,创业者要找到属于自己的最佳路径。这个路径不仅仅是选择媒体,还包括选择相应的表述方式和受众群体,选择产品的核心诉求点,甚至企业的传承方式。

# 打法

传播可以拆分成为两个部分,内容和渠道。

渠道方面,大多数初创企业都有着某个领域的特定受众群体,找出这些受众群体日常的渠道,把需要传播的信息渗透到渠道之中。这样,在受众群体能接触到的行业渠道中，多发声，塑造行业影响力。

内容方面，一定要和企业形象以及传播的目标相吻合。每一次互动，都应该强化（而非模糊或者改变）已有形象，直到这个形象深入人心。

在这个过程中，不要想着一次性覆盖所有群体，不要想着一次性解决所有问题，真心帮助你的目标用户，真心解决他们的问题。

上述传播体系的搭建，不仅适合塑造和传播企业形象，也适合创业者和风投之间的交流。

# 如何搭建可持续的公关体系？

过去企业的形象是媒体塑造的，基本上媒体包装一下、推广一下，一个形象就基本差不多了。如果遇到问题，再通过公关来灭火。因为媒体渠道的垄断，用户很难掌握真相。

现在，每一个细节、每一个声音都在塑造企业的形象。企业公关时，首先要在内部塑造良好的自我形象，然后再对外准确表达这一形象。如果内部没能塑造清晰的品牌形象，对外的宣传就会五花八门，效果不佳。

## 被动公关

所谓被动公关，就是在媒体传播时，让自己的形象以独立第三方的面目出现。这是最好的传播方式，因为其客观性容易被用户接纳。

如何做好被动公关呢?

首先,在赢得媒体关注之前,我们必须先分析清楚媒体、读者和创业者的共同利益,也就是共赢的前提。媒体要的是注意力,初创企业要的是曝光量,而公众需要获得可靠的、对自己有用的或者有趣的资讯以满足认知需求。因此,企业、媒体、读者三者合作关系的桥梁是优质的内容,以优质的内容连接企业、媒体和大众,通过信息的流转产生商业价值。

其次,媒体是信息的朋友。如果你能够提供有价值的信息,你就可以和媒体交上朋友。在这个过程中,你还可以不断地锻炼自己的表达和控场能力。

最后,记者不仅是报道的出口,也是获取信息和看法的入口。乔布斯也会认真倾听媒体人的分析,听听他们怎么看这个世界。

# 自我推广

在社交媒体时代,创业企业必须学会自我公关、自我推广,我将之称为主动公关。

主动公关就是以第一人称的方式和世界对话。主动公关不是自我表扬或者发布公关软文。主动公关的核心是,发掘出你的产品对于社会的价值,然后不断地思考和提炼,最后变成大家都关心的问题,并提出相应的解决方案。

一般而言,创业者一定是感受到了社会某个层面存在的痛点,进而提出解决方案。接下来,创业者的任务是更精准地对社会大众描述这个痛点,找出和社会沟通的最佳姿势。

主动公关需要把自己的初心、愿景用目标用户最容易接受、最好理解的方式表达出来。为了达到这样的效果，需要创业公司对自身有清晰的认识。同时，还要从创业一开始，就持续预热，与公众不断沟通。

# 创业公司的危机公关策略

只要是企业就会有问题，有问题就可能会被曝光。尤其在社交媒体如此发达的当下，创业公司（其实大公司也一样）难免会出问题。这时，做好应对预案就非常重要。

首先，从一开始就端正态度，有所为，有所不为。做错了的事立刻改正，承认错误。这是危机公关的原则。然后从制度上保证错误的事情不会再犯，表达出欢迎监督的态度。在这点上，海底捞在北京食品安全问题后的危机公关处理，堪称范本。

其次，在行动上要条理清晰，层次分明。记住化解危机的原则，一慢、二看、三通过。

一慢：

梳理清楚媒体的意图，善意，恶意，无意？

二看：

舆论对企业的具体反响，没看到，很小，反响很大？

三通过：

①社会反响不大，媒体并非恶意，则息事宁人，专访澄清，加强交流。

②媒体恶意，则弄清意图，保留证据，坚决反击。

③无恶意，但影响很大，与媒体进行深度沟通，同时借机邀请更多媒体

一起了解真相,加强后续交流。

最后记住,在公关的过程中,媒体是朋友,不是敌人。误会可以化解,不可加深。就算企业本身没有问题,和媒体对决也会得不偿失。

# 赚钱:如何建立销售体系?

市场是残酷的,创造价值是创业者存在的唯一理由。所以,当你想创业的时候,先想想看,你真的创造了价值吗?你创造的价值可以变成钱吗?

## 定价:你解决的问题值多少钱?

用户并非为你的产品付费,而是为他们想解决的问题付费。如果你的产品能够成功解决用户的问题,它就有价值,但用户愿意为此付出多少钱呢?

在供不应求的年代,产品的价格和产品的价值几乎是正相关的。但是,随着产品的过剩,价格就和成本无关了,而取决于用户痛点的大小以及紧迫程度。

创业者的产品可能花费了 100 元的成本,但用户只愿意支付 20 元,那么 20 元就是最好的定价。也就是说,要么创业者把成本降到 20 元以下,要么这个项目就不成立。

也有创业者质疑,谷歌、脸书、推特当年也不赚钱,为何不是庞氏骗局?因为它们获取用户的成本几乎可以忽略不计,而迟迟没有变现,一是要快速扩张，"不赚钱"本身也是阻碍竞争对手进入的护城河；二是在寻找合理的定价模式，不希望用粗暴的销售赶走用户。

定价是一门高深的学问，它首先取决于用户愿意在什么区间买单，其次取决于你能否把成本降低到用户愿意买单的区间以内。

# 销售：创业者自己完成第一单

所谓的竞争主要体现在市场份额的争夺上，市场份额则和销售息息相关。

1.25 元和 1.95 元对用户会有显著差异吗？销售 1 万份的成本和销售 100 万份的成本会有显著不同吗？说服 B 端（企业用户）和 C 端（个人用户）的用户会有很大差异吗？每个环节的细节描述，对用户会产生哪些影响？关于销售的所有问题，只有在销售过程中才能真正了解。

如果创业者自己没有参与销售，就无法弄懂销售中存在的问题。只有创业者亲自完成第一笔销售，才能从细节中感受到问题的所在，才能在建立和优化销售体系的过程中给出恰到好处的建议。

销售不仅是卖东西，还是产品升级迭代的重要依据。只有创业者在第一线不断地发现用户最新的痛点，才能进一步优化产品。如果创业者没能离用户很近，就无法为用户提供解决方案。

# 持续变现：建立销售体系

销售的核心是聚焦到产品能解决的问题。

销售并非沿街叫卖那么简单，每个环节都涉及专业。销售需要把定位、定价、渠道、话术甚至用户画像都搞清楚，同时还要完善每一个细节，做到让产品在销售的渠道中"自己会说话"。销售是企业的命脉，即便你有最好的销售伙伴，仍建议你把销售的各个环节都跑一遍。

销售并非一个人、一个小组就可以搞定的事。因此，要想让企业有更好的发展，就需要建立一套完整的销售体系。这套销售体系应该是创业者自己成功的销售经验的总结，既明确了销售的各个环节，又建立了标准的销售流程。

把销售流程做好并优化之后，接下来就是培训销售员。如果你的产品致力于解决用户的问题，那么务必确保每个销售人员都意识到这一点，并成为他们的信仰。当然，也必须要解答销售人员在销售过程中的每一个困惑，确保他们所说的话都能站得住脚。

把产品批量地销售出去，把钱赚回来，创业企业就可以形成闭环了。

# 跨部门协同：
# 围绕核心目标推进业务共识

在公司里，最难做的事情之一就是业绩考核。除了垂直类业务公司以外，大多数企业都会涉及不同部门的业务协同和绩效考核。

不同体系的考核标准完全不一样，导致的问题也不一样。例如，20 世纪 90 年代初，格力空调销售人员的收入远高于科研人员，所以连一些技术尖子也吵着要去做销售员。但格力前董事长朱江洪认为，销售固然重要，研发、生产出好的产品更重要。所以,他在 1996 年进行了改革,大幅调低销售人员提成的比例,导致部分销售人员集体跳槽去了竞争对手公司。

在过去,这样的矛盾是很难调和的。过去的考核基本上就是关键绩效指标(KPI)。现在随着谷歌使用目标与关键成果法(OKR)的成功,新的考核机制开始大行其道。目标与关键成果法,是一套定义和跟踪目标及其完成情况的管理工具和方法,OKR 的思路源自德鲁克的目标管理法。

相比较而言,OKR 比 KPI 可以更好地应用于管理,因为 OKR 是围绕企业的根本目标设定年度目标,然后层层分解,具有非常强的关联性,而非各自独立的单一指标。

# OKR 简述

1954 年,德鲁克在《管理的实践》一书中明确地提出了目标管理法。他认为,所有企业的使命和任务必须转化为目标。企业如果无总目标及与总目标相一致的分目标来指导员工的生产和管理活动,那么企业越大,人员越多,发生内耗和浪费的可能性就越大。

1976 年,英特尔 COO 安迪·格鲁夫(Andy Grove)第一个实践了 OKR。1999 年,曾在英特尔工作过的约翰·杜尔(John Doerr)把 OKR 带给了成立还不到 1 年的谷歌。

制定 OKR 的基本方法是:首先,要设定一个目标,这个目标不必是确切的、可衡量的,例如"我想让我的网站更好";然后,设定若干可以量化的关键结果,用来帮助自己实现目标,例如"让网站速度加快 30％"或者"融入度提升 15％"之类的具体目标。当然,这些目标必须做到:1. 要在时间和数量上

可量化,比如不能说"产品成功销售",而必须要说"在明年 3 月前完成 100 万元销售额"。2.目标在整个公司公开透明,每个员工都可以知道自己和别人的 OKR。

# 目标达成比数字分解更有价值

在全面展开工作时,OKR 就存在于公司、团队和个人层面上,要特别注意对每个目标的关键结果的评估。

考核是一整套的系统工程,考核的目的是监督大家完成公司整体目标。而确保整体目标的实现,需要每个人都能完成自己那部分的工作。因此,不要割裂地给每个人定目标,一定要以公司整体目标为基础,去分解目标,根据目标去完善公司架构,根据目标去推动企业成长,根据目标去凝结团队意志。

# 用终极目标衡量各自团队的贡献

在 KPI 时代,考评体系的僵化会导致团队行为的异化。例如,有的创业者要求产品部门今年升级 5 次、销售部门完成 100 万元销售额、运营部门获得 100 万粉丝,等等。只要完成了这些 KPI,哪怕违背了公司的整体利益(比如,100 万粉丝是买来的,没有实际价值;100 万元销售额并非来自主营业务),团队也能得到奖励。这就是 KPI 时代常出现的问题。

而 OKR 则是明显可量化的,整个团队可以清晰地用终极目标来衡量各个部门的贡献,这样也会加强团队之间的协作。

同时，考核结果必须能准确地表达公司意图，否则就要调整考核的方式。在考核的过程中，首先要让每个团队成员都致力于实现公司的整体目标，然后要让公司的短期目标和长期目标正相关，并持续迭代。而且这一定要在可行模式的基础上进行，并持续予以品控和校正。

## 小结

赚钱是创业的原动力。

虽然在具体的变现上要谨慎又谨慎，但创业者必须确定：在投入的过程中，整个创业项目是一直在增值的。

一个优秀的创业者，应该在最开始的时候，就想清楚怎么赚钱。或者说，确保创业项目不断增值，让用户无法割舍。如果做不到这些就去创业，很容易缺乏自我评判标准，到了后期，创业就会变得非常艰难。

正如前纽约市长、彭博社创始人布隆伯格所说，"我们当中多数人清楚，在员工、客户、合作伙伴眼中我们是能干的，多数人没有假装自己聪明到可以仅靠自己做出重大决定，并且多数人清楚我们信守诺言"。

因此，在创业的整个过程中，创业者必须遵守市场规则，借此吸引到优秀的人才参与其中，把精心打造的产品带到目标用户的面前，并且说服他们使用产品。

只有做到这一点，创业才能形成闭环。

第六章

# 融资：怎样才能找到钱，活下去？

# 风口对融资有帮助吗?

创业企业大多是融资驱动型的,而创业者面对风口该怎么办呢?

## 创业者的误区

小时候家里种田,若有人种白菜赚了钱,来年大家就一股脑地全种白菜,结果白菜价格下跌,大家都没赚到钱。

现在的创业领域,也是这样的情况。大家都去找风口,投资人怕错过赛道,创业者希望获得投资。为了活下去,创业者不断迎合投资人的喜好,最终往往偏离了创业的初心。

于是,在所谓的风口之下,我们看到了若干家电商、若干家团购、若干家互联网金融、若干家O2O、若干家共享单车、若干家电动汽车……至于伟大的产品,当然也就没了下文。

我认为,创业基本上分为三个阶段:

当行业还不存在的时候,只要有技术,能够解决一个关键问题,就可以创业了。联想的汉卡、史玉柱的巨人、求伯君的金山都是这样的,当时是技术驱动的。

当技术不再形成明显护城河的时候,我们就要去解决更为深远的问题。这时,大家会想办法生产各种产品来解决各种已知甚至未知的需求。

当各种产品进入成熟期以后,无论是技术还是产品都开始趋同,广告战、营销战等开始大行其道。这一点多发生在传统的成熟市场,比如可口可乐和百事可乐,比如麦当劳和肯德基。这一阶段未必说明行业没有发展空间了,只能说行业失去了创造力和想象力。就像手机市场之前就进入了营销战阶段,直到乔布斯改变了这个行业。难道是因为消费者没有需求了吗?显然不是,只是消费者对于传统手机的单调更新没有需求了。

# 真的有风口这回事吗?

赶着风口而来的,都会因为风停而去。投资人、创业者原本都应该服务于需求,而现在他们都奔向了风口。殊不知,但凡是风口,都大多有了赢家。

2003 年,马云和刘强东分别成立了淘宝和京东,以这两家企业为首的一众创业企业在进行用户教育的同时,也在积极解决当时存在制约电商发展的各种问题。

2010 年前后,电商市场激活的需求吸引了投资人的注意。资本大量入场,带来了电商的风口,一时间各种垂直电商粉墨登场。

短短两三年后,千家电商纷纷沉寂,最强的只有当年风口的制造者——淘宝和京东。

大多数投资人骨子里害怕出局，所以他们常常会问：美国有哪个产品和你的相似？如果不能独立思考创业项目，而是要借助外界已有的趋势来印证自己的判断，那就是追风口了。

除了市场的风口，现在还有一种典型的 To AT（针对阿里和腾讯）的创业模式。例如，阿里和腾讯都在争夺线下支付的使用场景，所以在共享单车、共享充电等领域，投资人用海量投资进行快速催熟，因为涉及了大量的线下支付场景，所以腾讯和阿里等科技巨头愿意用高估值去换取这些支付情境的独占权，为自己的关键业务（比如支付、小程序）做营销推广。共享单车 2 亿美元的投资，对于腾讯抢占线下支付场景来说，只是其营销费用的一部分，只要对方承诺优先或独家使用自己的支付方式，这笔生意就已经赚到了，况且还额外获得了股份。

# 创业者应该拒绝风口

虽然创业者拥抱风口可能获得投资人的投资机会，但是我仍然劝创业者，不要刻意去拥抱风口。因为在这样的竞逐中，创业者只是被选择，没有主动的权利。

对于创业者而言，创业项目是自己的全部。如果只顾迎着风口而上，为了融资而融资，就算拿到了投资人风口上的钱，也会因为项目本身没有生命力而走不远。相反，如果创业者找到了用户的需求，并给出了解决方案，无论是否在风口，都有可能活下去。

我相信，创业的成功只取决于是否满足需求，没有需求则没有风口。虽然在不是风口的地方可能会寂寞，但是只要创业者守在自己最强的领域耕

耘,总有一天,会有风来。

那时,你已经准备好了。

# 一股独大对融资有帮助吗?

一股独大对融资有帮助吗?或许有。但一股独大是创业者最好的选择吗?答案是否定的。

## 既有创始人又有联合创始人,这是荒谬的

如果你单枪匹马创业,你是当之无愧的创始人。如果几个小伙伴一起创业,你们应该是联合创始人。

但是最近出现了一种奇怪的现象,创业团队里既有创始人,又有联合创始人。拜托!乔布斯、盖茨、佩吉和布林都是联合创始人,凭什么你在联合创始人之外,又是创始人?如果创始人的权力仅仅来自"大股东说了算"的掌控力,这样的掌控力还能拿得出手吗?

## 没有博弈就没有团队

投资人担心联合创始人的博弈会导致团队分裂,但相反,团队是在博弈中成长和壮大的。

创业原本就是一场孤独的长跑,如果没有创业伙伴,一切都只得自己承担,独自挺过黑暗森林的创业者寥寥无几,美国成功的创业企业基本上都有两个以上的联合创始人。

在创业的过程中,没有人掌握真理,所以必须在争议和提问中找出最佳方案。

## 不必迎合投资人

无论是一个人创业,还是一群人创业,端正创业者的态度都至关重要。

在这个过程中当然会遇到很多挑战,创业者要有足够的责任心、担当以及自我学习的能力,要快速成长以赢得整个团队的信任。而且,联合创始人制度也并不意味着企业没有核心领导力。

# 融资只是锦上添花,
# 先想办法自己活下去

在融资方面,很多观点都是错误的。

投资人给创业者投资,不是帮助创业者试错的。投资人之所以给创业者投资,是因为投资人相信项目可行,用资本来给项目加速。

因此,创业者一旦创业就要积极地去融资,但是不要为了融资而去创业。这个逻辑顺序如果搞错了,付出的代价就会很高。

在创业的过程中，最根本的还是要想办法自己活下去。

# 融资不是成功创业的前提

资本为了拿到项目，或者为了宣传拿到的项目，当然会不断地强调其对创业的重要作用。有风险投资可以拿当然不是坏事，有了资金可以让你活得更久，有更多的试错空间，有更快的速度成长，但是，资本没有投资人宣扬的那么神奇。

钱只能起到放大和加速的作用，并不会解决创业中的其他问题。资本是一个线性的放大器，资本可以加速企业的发展，但很难改变企业的本质。

创业从来都是创业者自己的事情，如果需要有资本才能创业，这个项目可能就不太切合实际。任何一个创业者，一旦依赖资本，就会被资本控制、反噬。

除了资本助力和市场反馈，更多的考验来自创业者自身是否想得足够清楚、是否拿得出成熟的解决方案以及是否意志坚定。

无论怎样，想着独立地让自己的项目活下去，这才是创业应该有的状态。

# 不做依赖融资的创业项目

资本是逐利的，投资人在风险投资的过程中，会设置各种必要的筛选条件。这些判断并无对错之分，对创业项目也没有很大的参考价值，只是投资人自己筛选项目的标准而已。

当投资人投你时，不代表你就成功了；同理，当投资人拒绝你时，也不意味着你的项目就不可行,只是你的项目和投资人的预判不完全相符。

投资人需要在不确定中寻找确定性,这个确定性就是距离赚钱的闭环有多远。

基于假设的假设一定是错的。创业一定要着眼于活下去,在这个前提下,我们才有机会立足于长远。等你自己想办法活下去了,投资人也就随之而至了。

# 投资人只会锦上添花

创业者总是在高潮与低谷间反复震荡,没有人知道你能走多远。有投资人资助当然是好事,但是真正的创业者不会为了融资而去创业,也不会因为没有融资而放弃创业。他们清楚地知道自己的路有多远,并且随时准备迎接最困难的挑战。

创业者首先要想办法让自己活下去,而且要活得好,如此才能得到资本的青睐。

如果创业者希望吸引到外部融资,那么对创业项目就要有更高的要求,比如清晰的愿景、可预期的市场、已经小范围验证的商业模式以及可以对投资人背书的相关资源,等等。

当创业者做到这些之后,投资人有可能闻风而至。这时,创业者仍然要努力降低对资本的依赖,按照既定的步调前进。所以,掌握好创业的节奏至关重要,资本只是创业者加速前进时所需要付出的对价,仅此而已。

# 对标最优秀的投资机构，
# 打造自己的创业项目

前面说过，真正的创业者不应该把融资当成自己创业的前提条件。实际上，融资不仅是加速器，也是放大器，它会放大创业企业所有的优点和缺点。

与此同时，融资所要考察的关键节点也适用于企业自身的发展。无论是否融资，把这些节点做好都是有益无害的。所以，创业者不必为了融资而去创业，但是在创业之初就把融资相关的标准引进来则有益无害。

## 投资人标准的取舍

在创业初期，创业者若能在各项考评数据上借鉴成熟企业的商业模式，将会对整体发展有非常大的好处。但是大多数时候，初创企业缺乏系统性，也没有更多的时间、精力逐项完善，那退而求其次，也可以按照投资机构对初创企业筛选的标准来做事。

当然，投资人不会把这些指标公开，各家投资人的参照指标也各不相同。这就需要创业者多和投资机构沟通，找到他们判断项目优秀与否的标准。

在这个过程中，非常重要的一点是：区分投资人和创业者各自指标的不同之处，找到两者的最大公约数。

## 为何要瞄准顶级投资人

美国有一位企业家，他会偶尔宣称自己要卖掉企业，然后吸引潜在买家前来尽职调查。在讨价还价的过程中，对方会用调查中发现的问题来压低企业售价。

虽然邀约会消耗大量的尽调费用，但这位企业家在这个过程中发现了自己企业的问题，从而在内部实行改革。

创业者在对标投资机构打造产品时，最好的办法就是盯住顶级投资机构。

## 重新审视创业项目

获知相关标准后，要重视内部建设，继续寻求进一步提升的空间。只要创业者把创业项目持续打磨好，一定会有好的投资人会注意到。

在我看来，钱无法解决创业过程中的本质问题。但是，通过融资的推进，创业者可以不断反省和发现创业中存在的问题。

# 创始团队的股权/
# 期权应该如何分配？

亲兄弟明算账，创业最难的部分就是利益的分配问题。在融资之前，这

部分可能还停留在口头约定阶段,一旦到了融资环节,创业团队的股权分配就必须落实。

股权分配一直是创业领域的热门话题,这里我提供一种简单可行的思路,在此基础上,大家可以自我优化。

# 股权分配的基本原则

首先,核心创业团队可以以股权作为激励手段,而普通员工最重要的还是薪资。

其次,创业不同阶段风险不同,早期团队股权分配比例较高,后期则会逐渐递减。一般而言,每到一个新的轮次,股权的授予比例会降低一个数量级。在同一批次里,每个等级之间的股权差异应该在2~3倍。

再次,股权的目的是让整个团队尽可能获得增值收益,激励团队成员持续贡献力量,创业者应该以此为出发点去权衡多方利益关系。

最后,股权代持。除了创始合伙人之外,公司团队其他成员的股权可以由核心创始人一并代持,其他股东可通过协议明确代持权利的性质和处置限制。

股权激励应该是当下创业的标配,创业者必须要通过合理的设置,最大限度地激活团队的创造力。例如,可以给团队成员优先股份或者优先薪资的选择权。

# 股权分配的简要模型

如果几个合作伙伴一起创业的话,要把资本注入和人力注入分开考虑。

可以在一开始的时候就给公司确定一个估值。比如 A 公司有 3 个创始人,项目估值 100 万元,甲出资 25 万元,乙出 5 万元,丙出 10 万元,其中,牵头人(或 CEO)一定要出大头。这个股份是不受任何因素影响的。再者就是人力投入部分(含预留期权等)。还是以这 3 个联合创始人为例进行叙述——

首先,把人力部分的股权分成若干份,这里假设分成 10 份,每个人都在第一时间参与创业,因此每人有自己的一份;然后,大家再按照各自的贡献拿走属于自己的那一份;最后留一份给 CEO。比如:甲是创业牵头人 1 份,甲的技术投入 1 份,甲的行业影响力 1 份;乙的运营能力 1 份;丙的业界人脉 1 份,丙的内容能力 1 份;最后 1 份给 CEO 甲。

这时,每个人应得的股权为甲 30%,乙 12%,丙 18%。

在上述的案例中,甲出资 25 万元,占 25%;乙出资 5 万元,占 5%;丙出资 10 万元,占 10%。

综上,甲的最终股权是 55%、乙是 17%、丙是 28%。

这时,如果大家希望预留出来 30% 的股权用来吸引优秀人才以及早期融资的话,上述股权就各自再乘以 70%。还可以约定在管理时,大家的投票权是相等的,都是联合创始人。

如果三个人的能力大体相同,那么人力部分除了 CEO 多 1 份以外,其余可以均分。

# 权力的让渡、控制和退出

股权分配最大的目标是让所有参与者都满意。在这个过程中，为了避免创始团队的权力争夺，在一开始就应该形成完整的权力让渡规范，例如几个创始人为一致行动人，或把董事会的投票权统一委托给指定人员等，这样就会避免股权纷争影响到公司运营。

当然，更重要的是退出机制。刚才所说的股权划分中，一定要对退出进行设计，比如资本入股可以一直持有，也可以按照评估价值售出，其他联合创始人有优先购买权。

这样约定以后，基本上分配机制、退出机制都有了，中间的议事规则可以很简单。比如会议投票决定，大方向必须全票通过；如果深度讨论 1 个月都无法达成共识，CEO 有权执行大多数股东赞同的议案；或者 3 次会议无法达成共识，可以引入外部顾问予以判断，鼓励大家争论出最好的方向，而最终方案一旦启动执行，所有人就必须全力以赴。

创业的过程中，肯定会有团队磨合和业务争论，这些往往很难评判。所以事先设定好标准的同时，公司的创始人要考虑到各个环节可能出现的问题，并且要有应对预案去解决这些问题。通过在过程中的控制，创始人可以更好地激励团队，也可以遏制不良风气。

# 融资前应该有的正确心态

在当下,创业者少说也以千万计,但 1 年内,能够获得 A 轮融资的企业不过千家左右(2014 年是 800 多家),能够走到 C 轮的更是不足 10%。也就是说,拿到投资的创业者微乎其微。

## 投资人对项目的判断不是决定性的

很多创业者在寻求投资人帮助时,往往会搞混投资人哪些建议有价值、哪些建议只是个人观点。

如我前面所说,只有涉及客观评判标准的内容创业者才可以直接采纳,其余的建议必须要结合实际有条件地参考。

由于投资是一种金融行为,因此,风险投资更多是被动的投资行为,即通过各种方式,排除掉绝大多数寻求融资的创业者。一个合格的投资人,应该是有纪律而没有方法论的。但目前充斥着很多自以为有成功方法论的投资人,他们会提出很多要求,甚至会影响创业者的决策。

因此,创业者可以认真思考投资人提出的问题和建议,但不必然接受投资人对项目的判断。

创业没有对错,比尔·盖茨和乔布斯观点对立,但都取得了成功;同样,你若和投资人观点相左,也一样可以取得成功。

# 准确把握融资的节奏

创业的动机，是创业者能走多远的决定性因素。在正确的动机下，产品、营收、融资等各个顺序都不能错。

创业背后的支撑一定是直接有力的目标，改变世界、自我实现、名利双收……这其中，融资绝不应该是创业的目标，甚至，除非必要，创业者应该把融资放到最后去考虑，直到形势倒逼创业者思考融资。

什么叫形势倒逼？

比如竞争开始趋于激烈，模式已经成熟，投资人开始押注相关领域，这时你就不得不快速奔跑起来；或者，你是依靠规模取胜的商业模式，必须要有足够的资金支撑才能迅速建立起规模，向前推进；再或者，你们是一个才华横溢的团队，但是囊中羞涩，发现了好的项目，只有出让股权获得资金才能推动下去。这个时候创业者就可以考虑融资问题了。

# 估值并不重要

融资是为了获得高速增长，关键的时候只要拿到钱，估值并不重要。

创业者容易把负债当成资产，把估值当成价值，所以很多创业者追求融资的绝对数以及融资的估值。

看过美剧《硅谷》的朋友就会知道，估值本身并不重要。相反，早期估值越高，给创业者留下的隐患也就越大。

同样，融资超过预期目标，很多时候也会带来资源诅咒，造成资金的浪费和资源的浪费。

当我们融资时，我们需要想清楚，是否融资是唯一的选择？钱是否是渡过难关的必要条件？在创业的过程中，能不要钱就不要钱，能不负债就不负债，除非你确定成功概率够大，值得一搏，这又和创业者对这一项目的自我认知、相关判断有很大的关系。

# 财务顾问可以给创业者
# 带来哪些帮助？

创业者需要找财务顾问（financial advisor）吗？

一个硅谷大牛曾说过，创业者应该专注企业的未来方向，至于某些一次性的专业知识，创业者可以直接忽略。

融资就是这样一种需要一定专业性又具有一次性特点的学问。实际上，创业者不需要精通投资的逻辑，只要知道自己的商业逻辑，弄清楚项目的价值就可以了。由于创业者可能需要找几十个乃至上百个 VC，如果直接交给专业的财务顾问负责，可以节约很多时间成本。

虽然财务顾问要获取成功融资后的提成（3%～5%），但是相比融资的成本而言，这还是物有所值的。财务顾问可以在以下几个方面帮助创业者解决问题。

# 完善商业计划书

投资人看项目的角度和用户看产品的角度完全不同。财务顾问可以帮助创业者按照投资人的思维方式,构建和完善创业企业的融资计划。投资人重点看企业的愿景以及实现愿景的逻辑是否成立,一个好的融资计划往往会事半功倍。

什么是商业计划书?商业计划书就是本书提出的这些问题,这些都需要创业者在创业之前就考虑清楚。针对投资人的商业计划书不需要面面俱到,只需要点出投资人最关心的几个核心方面即可。

在和财务顾问的合作中,财务顾问会告诉你投资人的话语体系、投资偏好以及侧重点,用投资的角度重新解读你的创业项目。这个过程不仅对获取融资有利,还可以帮助创业者在商业领域审视自己的创业项目。

# 高效对接投资人

每个投资人的风格和所在领域都不同,创业者不可能把几千家 VC 的上万名投资人都了解清楚,但一个优秀的财务顾问,以其拥有的资源和对行业的理解,可以帮助创业者精准地发现可能对这个项目感兴趣的投资人。仅这一点,于创业者而言几乎是不可能胜任的任务。

这样做的另外一个好处是,财务顾问对于当下的行情非常了解,可以最大限度地发掘项目的融资价值;同时,也会与众多 VC 比价,增加融资额。

## 专业性的辅导

对于创业者而言，这些一次性而又不得不掌握的融资常识，因为有财务顾问的介入而变得更加清晰高效。比如，如何签协议、协议里的那些坑、交割可能存在的问题……创业者自己完全弄懂那些法律、财务等问题，会不胜其扰。财务顾问不仅会让整个过程变得迅速而通畅，而且让创业者可以更好地专注于创业本身。

# 写一份优秀的商业
# 计划书的基本原则

商业计划书应该是创业者创业前就写给自己的，用来梳理自己的创业逻辑，并随着创业的深入，不断地改进和优化。如果到了融资的时候才准备商业计划书，基本上就本末倒置了，会把很多当下的结果作为原因去阐述，而忽略了最初的起点。

对于融资而言，创业者需要把投资人最关心的关键环节拿出来，在此基础上去阐述你的项目以及项目能带来的回报。

怎么写一份优秀的商业计划书？如果你能把本书提及的相关内容都想清楚，商业计划书基本上就成型了。剩下的，就是用正确的表达方式呈现出来。

# 故事框架

以终为始，是我们思考的核心点，也是要给投资人讲清楚的核心点。

整个商业计划书中我们要找到最核心的那句话，这句话最好不要超过10个字。这句话是我们最核心的原则，也是我们的行事指南。

例如，马云的核心是"让天下没有难做的生意"，这个就是万千变化中的不变。在这个核心逻辑下，才有了后面的 B2B、C2C 等业务演进。即便现在阿里做阿里云和蚂蚁金服，其核心逻辑也仍然没有变。

核心逻辑提炼出来后，要用人人都能听懂的故事表现出来。

# 模式、品控和校正

一般而言，逻辑越简单，想要实现它就越难。比如京东，要在说服用户的同时，把整个供应链和用户体验彻底完善。现在看来最简单的逻辑，当时可是刘强东顶住了投资人的压力，最终才获得成功。

这里要强调一下写商业计划书时需要注意的问题。

我们思考的时候，会先寻找什么是真正的问题，这个过程中会有不断的探索尝试，很多时候我们会缺少一个中间层，也就是缺少"明确问题"这一过程。但是在写商业计划书的时候，要在问题清晰提炼出来以后，以倒叙的方式阐述问题。

以"让天下没有难做的生意"为例。最开始你要先讲清楚你的愿景，然后阐述电商的优势以及未来的趋势。这个时候就会引出来怎样才能做到? 比如:如何解决流量问题、如何解决信任问题、如何解决安全问题等。

在解决问题的过程中,引出模式、品控和校正等,再清晰地向投资人解释清楚即可。

## 共赢和掌控力:讲清楚回报和风险

无论多么讲情怀的投资人,投资的本质都是要获取回报,创业者要陈述清楚项目面临的潜在风险。

讲风险并不意味着项目本身存在问题,投资人会在你陈述问题的过程中意识到项目的意义和价值。

创业者还要在商业计划书中体现出掌控力,即要有非常明确的底线和原则。不要轻易放弃控制权,也不要为了拿到钱而改变自己的节奏。投资是为了彼此共赢,而创业者要通过商业计划书告诉投资人你能做到这一点。

# 创业者如何做好一个演讲?

想象一下,在搭电梯短短几分钟的时间内,对电梯里面的人传达自己的想法,赢得对方的注意或者投资。

在 VC 领域里,这常被运用在初创公司准备募资时,用几分钟的时间将自己的初创事业讲出来,进而获得 VC 的兴趣。

那么如何做好一个演讲呢?

# 从一个好的故事开始

演讲不是信口雌黄,也不是吸引眼球,而是要用最简明的话,表达最真实的自己和产品真正的使命。先讲一个好的故事,然后再不断提炼和优化,直至故事引人入胜、精彩绝伦。

没有人天生就会讲故事,雷军在推出小米手机之前,反复和业界、媒体沟通,就是试图把产品的每一个细节都思考透彻、表达清楚。同样,创业者也必须深度思考和反复训练,把自己和产品合而为一。

讲故事的核心是阐述产品。有的人会讲引人入胜的故事,但是对产品却没有什么特别的帮助。想要吸引投资人的注意,就要想清楚,投资人真正想要的是什么?投资人对你所在行业的理解是什么?如何能打破投资人的成见,让他们看到全新的机会?这就要对投资人清晰地表达出项目价值、潜在收益。

演讲者必须反复练习,最好可以做出 3 分钟、5 分钟、10 分钟等不同的版本来,然后不断给周围的人讲述、展示。这样,等遇到投资人时,面对投资人留出来的时间,创业者就可以准确地阐述清楚自己的观点。只要能让投资人意识到产品的价值,创业者就有望得到第二次见面沟通的机会。

## 讲故事的几个参考步骤

1. 树立一个强大的敌人

苹果开始把 IBM 当作对手,后来把微软当作假想敌。假想敌未必是现实中的,也未必是体量最大的。

2. 为什么要解决这个问题

理论上,所有的问题都能解决,只取决于时间和成本。很多弊端一直存在,但今天你出手了,给出你的理由。

3. 以终为始

所谓以终为始,就是把未来美好的愿景作为你创业的动机。这样,整个故事才会干净漂亮,而且会把每个人都代入到更好的生活中去,我将之称为美好的"可视化"。

4. 阻碍在哪里?

为什么我们还没有成功? 列举出最难的三点,然后和现实的各种解决方案进行对比。

5. 时势造英雄

创业者必须拿出解决问题的方案,以迎接一个更美好的世界。如果在这个过程中,创业者可以展示自己产品的模型就更好了,让投资人在听完故事之后,立刻就感受到了产品。

# 和投资人见面需要
# 注意的几个重要事项

"搞定投资人"一度成为创业服务的一个重要领域,很多人试图告诉创业者,搞定投资人就这"7 件事"/"10 个要点"/"5 个方案"。如果创业者不能在创业企业内部寻找价值,而是寄希望于"搞定投资人",那整个项目的价

值也不会很显著。

当创业者各个方面都已经准备好了,可以与投资人见面沟通了,这里有几个注意事项,需要创业者想清楚。

## 见面之前的准备工作

首先,确定你真的需要 VC。刘强东说过,不到万不得已不要找 VC,这是他经历教训后的总结。刘强东是幸运的,他成功地闯过了各个关口,在投资人的各种施压下,依旧坚持自己的想法。如果成功企业家都心有余悸的话,那么创业者一定要对和投资人共处的日子做好准备。

其次,心态上做好准备。产品要基本成熟,并确定未来企业要进入高速发展的阶段。

最后,要确定你能与投资人平等对话。

当这些工作都做好之后,我们就可以准备去见投资人了。

## 如何与投资人高效沟通?

除非创业者的项目超级优秀,否则,见到投资人的机会其实并不多,即便见到投资人,有效的沟通时间也不会很长,最多也就 1～2 个小时。

在这个过程中,要想更有效地和投资人沟通,创业者需要做很多基础工作。

首先,提前处理掉基础沟通信息。例如更好地了解投资人的背景和投资理念,把投资人关心的基本材料做成简单易懂的文档或演示,把可能的兴趣点做好摘要等。如果确定是对所在领域感兴趣的投资人,则要对行业目前的趋势、关键节点等做足功课,直接切入话题会使双方的交流更高效。

其次,谈话是一门艺术,如何切入需要反复设计。那种急切地想把自己认为有价值的东西强灌给投资人的创业者,常常会失败。要找到创业者和投资人共同感兴趣的话题,设计好开场白,然后整个谈话过程尽可能顾全每个细节。

然后是态度。融资的动机很重要,融资不仅是找钱,也是发现问题的过程,不要把找钱当成唯一的目的。

最后是善后。取得信任是非常难的事,更何况投资人要把钱交给陌生的创业者。如果投资人有兴趣,创业者不必一催再催;如果投资人没有回复,一般是因为你没能真正打动对方,建议还是多找找自身的原因。

# 签投资条款清单的注意事项

如果投资人表达了投资意向,当然值得恭喜! 这时候最好引入法律顾问,完善后续的流程。

除了法律问题之外,还有一些创业者需要注意的基本问题。

首先,签投资条款清单尽量不要超过 1 个月。特别强悍的投资人,可能会有半年甚至更久的考察期,在此期间若未能达到预期,则不履行投资条款清单。弄懂这个流程以后,创业者要多做准备,好好应对。

其次,融资就是对赌。即便不签对赌协议,只要融资了就是和时间赛跑——跑得过则赢,跑不过则死。从这个角度来看,融资就是把自己逼入高速路,除了快速成长没有别的选择。因此融资前最好把创业企业自身存在的问题都搞清楚并解决掉,不要带着问题进入高速路。

再次,融资之后没有休息站,之后必然有下一轮融资,直到上市。做好心理准备,找到和你理念相投的投资人,一起走下去。

最后,和投资人相处要明确核心原则,确定掌控力。对于已有的原则要坚持不破例,一旦创业者妥协,不仅会破坏企业的生存环境,也会伤害企业自身的价值。

# 融资误区:用战术的
# 勤奋来掩盖战略的懒惰

很多创业者一进入融资领域就会频频犯错。这是因为一旦融资就需要说服其他人相信自己具有别人渴望的"超能力",但实际上这些"超能力"可能并不存在,或者没有想象的那么神奇。但是,为了能取悦投资人,创业者会希望自己能做到某些事。

在做不到的时候,创业者就会采取其他的办法。开始的时候可能只是想掩饰一下,到了后来自己也就相信了。

下面,我梳理了创业者常常陷入的四个误区。

## 战略太远,不如大家先忙起来

我发现,面对暂时没有办法解决的问题时,有一部分人是干脆撂挑子,另一部分人则会遮掩过去。因为前者显然是"没有尽力",而后者则表明"自己尽力了"。没有投资人会指责一个从早忙到晚、精疲力竭的创业者,尽管并没有成效。

我们面临的各种挑战,大多数都是以这个方式终结。

用"手脚的勤快"来为"思考的懒惰"背锅,最后承担后果的还是创业者自己。这个问题,任正非认为"要砍掉高层的手和脚,让他们头脑勤快起来,不要用手脚的勤快掩盖思想的懒惰",雷军则认为"不要用战术的勤奋来掩盖战略的懒惰"。

对于创业者而言,做到这一点尤为重要。因为心存侥幸,或是为了让投资人满意,创业者都或多或少地忽视了战略的思考,而强调了战术的执行。

# 把加班当成公司竞争力

有的创业者喜欢看到员工加班,因为这样有创业的氛围,他们坚信这才是正确的,因为别的创业者也都这么拼命。

但是,人才的价值是能创造出持续产生价值的产品,而不是把人的劳动力作为产生价值的主要方式。

导致额外加班的原因可能是:工期设置错误、流程不够清晰、缺少计划性安排、没有招募到合适的人才,或者干脆就是哪里忙就先弄哪里,堆积了一堆的问题不得不加班……

相反,如果公司流程清晰,任务明确,倡导不加班,效率未必会变差。比如运营,加班就会效果好吗?比如硬件设计,加班就会出成绩吗?比如编程,加班就会更优秀吗?如果都不是,加班就是公司无效协作的副产品。

## 解决方案:战略优先

战术的勤劳只具有对外展示的意义,几乎不产生价值。

要避免用战术的勤奋掩盖战略的懒惰。首先,要对自己绝对诚实,不要因为投资人喜欢看到什么就做什么。

其次,确保战略思考能放在第一位。很多创业者常常用实践来验证仔细思考就能解决的常规问题,这不仅耽误了时间,对团队的士气也是很大的打击。

最后,战术的繁忙并不是成功的前提。一个紧张和焦虑(或者故作紧张和焦虑)的团队,怎么可能拥有强悍的战斗力?要是战略还没想清楚,想赢得胜利就更难了。

# 融资误区:坚持错误的
# 道路来证明道路的错误

《柠檬姐妹》中有句话,"人的一生有很多选择,重要的是哪些应该坚持,哪些必须放弃"。对于创业者而言,只有配合逻辑思考的坚持,才有价值。

# 逻辑能证明的错误，就不要用实践证明

无论是对团队、对用户，还是对投资人，创业者都希望能表现出专注、完美的形象。但是，创业者也要明白，如果不能抵达目标，即便坚持和努力，也没有任何价值。

坚持的唯一价值在于，你要走的路，应该是你到达目的地时的必经之路。如果确认这是必经之路，那么就一定要坚持，这时坚持就是有意义的。如果并不能确定，那就说明你没有找到已知范围内的最优解，这个行为本身就是错误的。

逻辑上能够证明的错误，再用实践亲自证明一遍没有任何意义。理查·芒格说过，"我们每个人必须要从教训中学习，幸运的是，我们还可以从别人的教训中学习"。

# 大目标与小细节

创业者到底是不是在坚持错误的道路？要做出判断是非常难的。

创业者要有在逻辑上可行的线路图予以证明，通过逐步解决问题，使既定的目标通过努力可以实现。

比如，因为女儿说希望能在拍照后立刻看到照片，宝丽来创始人埃德温·兰德就沉浸下去研究实现这一过程的可能性。他找到了逻辑的可能性，然后又花了20年逐个解决产品路线图上的各个问题，最终从无到有，创造出了伟大的产品。

在细节上，创业者必须把每一个环节的每一个步骤都做对，这样才能避免坚持错误。

苹果在发明 iPhone 的过程中，反复修改每一个细节问题，最终，iPhone 用全玻璃屏幕、触控操作、全新移动操作系统等一系列的解决方案，开启了移动互联网时代。如果 iPhone 还用触控笔，如果智能手机里没有传感器，或许我们现在的世界就会完全不一样。

## 错误的坚持

除了大目标和小细节，准确的执行也是关键。即便是一条理论正确的道路，很多创业者也会因为过程的错误而陷入僵局。

每一小步的探索都要经过无数次的清零，重新来过，直到找到问题，解决问题。如果探索未能坚持到最后，即便我们在正确的道路上，也可能会半途而废；如果我们过程中犯了错误而不知，就会停滞在原地没有突破；如果我们过于专注过程的细节，也可能误入歧途……原本正确的道路，也会因为创业者节奏把握的失误，变成错误的坚持。

因此，创业者千万不要为了对投资人有所交代，而不敢改变或者不敢坚持。正确的做法是，所坚持的是不是我们必须要做的事，我们所做的是不是我们能做的最好的事。

# 融资误区：
# 以为只要跑得快就一定会赢

创业者对投资人的第三个误区是，对投资人的要求过于敏感、过于关注。

投资人当然会对创业者有要求，这些要求可能会以数字指标的形式体现，但这些数字只有成为创业者产品的关键指标时才有价值。例如：投资人希望创业者的日活跃用户超过 10 万，如果创业者"买来"10 万用户，这个数字虽然成功忽悠了投资人，但本质上毫无用处。

投资人想要通过关键性指标来掌握创业者的创业情况，而很多创业者就通过各种手段和方式来"实现"投资人的预期指标。甚至有投资人还会主动帮助创业者做出各种指标和数据，以期达到跑得快的效果，获得下一轮融资。

## 被误读的"快"

为什么投资人对创业者有"快"的诉求？那是因为目前同质化竞争越来越严重，要想在相似的项目中脱颖而出，就必须要有强大的执行力，也就是跑得比别人快。

对于投资人而言，这么要求并没有错。但是，如果创业者自己动歪脑筋，忽悠投资人，最终也会害了自己。

# 真正的快是效率的提升

投资是接力赛,只要有人接棒,投资人就会进入下一阶段。从投资的角度来看,投资人要求创业者跑得快没问题。

创业是马拉松,不到最后的终点,没有人能断定输赢。因此,创业者必须全程掌控好节奏,确保跑到终点,还要确保赢得比赛。

在这里,双方对"快"的理解是完全不同的。投资人希望迅速赢得每一个阶段的每一场比赛,这样他们才有奖励。创业者则要平衡短期速度和长期发展,要赢得整场比赛的胜利。

虽然双方对中间节点的理解不一样,但是最终的目标却是一样的。只有创业企业最终成功,大家才能共享收益。因此,正确的做法是,在互相博弈的过程中,达到动态最优解。

对于创业者而言,"快"并非字面意义上的理解。

真正的"快",不是同质化的时候你比别人执行力得更快;不是别人还在论证的时候,你已经仓促上马;不是别人在做产品的时候,你买来流量挺进下一轮。真正的"快",是不断地打磨产品,让产品效率提升,从而实现稳健、扎实、可靠的发展。

# 让产品变快的能力

综上所述,"快"不是某个节点的单项冠军。"快"应该是对整体节奏的把控,确保自己成为最后的赢家。

要做到这一点，需要让产品自身日益完美，让产品具有变快（提高效率）的能力。

意识到这一点，创业者就会发现，只要掌控好创业的节奏，后续自然会快起来。投资人要求的"跑得快"，需要创业者自己先能"跑得好"。投资人的"快"与创业者的"好"并不冲突，但创业者的"好"最终会实现投资人的"快"。

# 融资误区：
# 你不是在和投资人谈恋爱！

## 融资是资金换时间

很多投资人说，自己的优势是"做好创业服务，助力创业者成长"。这是把投后管理作为拉拢创业者的竞争优势。即便真的有无微不至的投后服务，创业者也要谨慎使用。

投资人的资金可以助力创业者业务扩张，投资人的视野和判断力可以助力创业者思考。除此之外，投资人对创业者没有其他实质上的帮助，创业者也不应该依赖投资人的帮助。

融资的本质就是资金换时间，这也是资金真正发挥价值的地方。为何过去打造一家世界 500 强企业需要 20 年，而现在只要 10 年，甚至更短？答

案就是关键时期的快速融资,几何级地放大了产品的成功。创业者用股权换资金,用资金换时间,最终实现了高速增长。

# 把投资人视为"债主"

赚钱,才是双方能够合作的本质基础。在这个基础上,各自目标聚焦点不同,这就需要双方建立沟通的渠道,多加磨合。最好的方式就是:定期告诉投资人公司的资产升值了;为了资产升值,我们做了哪些尝试,收益怎么样;目前遇到了什么困难,我们找到了哪些出路……

这里,创业者自己的节奏是非常关键的。一旦失去了节奏感,被投资人赶着向前,失败的概率就会大幅增加。

# 对投资人做好预期管理

在创投圈,人脉和口碑是很重要的。如何维护好投资人的关系,是创业者需要用心考虑的大事。

如何做到这一点呢?我的建议是,要对投资人做好预期管理。

首先,要建立共识。创业者和投资人在一起要创造更大的机会,赚到更多的钱,这是共识。

其次,创业者要告诉投资人在这个共识之下的产品路线图。产品大概分成几个步骤,每个步骤大概需要多少时间、多少投入,预期效果如何以及可控和潜在的风险怎样,都需要与投资人深受沟通。

最后,定期主动和投资人交流。每个月的月报,每一次的决策,都是聆听投资人建议的好机会。不要把这些当成应付的差事,而是要充分挖掘投资人身上的各种资源。通过不断地碰撞和交流,最终形成最好的解决方案。

只要创业者能够最大限度地做好产品,竭力提高投资人的回报率,再对投资人做好预期管理,让投资人始终能从创业者身上看到信心,创业者与投资人就能达成双赢的局面。

# 投资人的话,该如何去听?

在上一节里,我们讲过,要把主动权掌握在自己手里。那么,对于投资人的话,我们应该如何去听、去理解呢?

首先要明确一点,只听从投资人的建议,并不能帮助创业者实现自己的梦想。实际上,没有哪个企业的成功,得益于投资人的指点江山。

面对投资人的建议,有如下做法:

第一,把投资人所讲的内容统统放到"用户调研"那一类别。这个类别里的每个问题都很重要,都需要创业者给出解答。但是这里的内容都不构成操作建议,更不是命令。

第二,面对投资人提出的每一个问题,都思考问题产生的原因,作为产品逻辑思考的补充。不要急着肯定或否定,和你的思考放在一起,深入琢磨,最后找到更清楚、更有价值的路径。

第三,了解投资人提议的意图,从根源上解决问题。采纳与否,都要阐明利害,说清理由。

最后,对于投资人在投资领域、宏观环境以及行业思考等方面的意见和建议,创业者要认真学习,挖掘价值。

# 为什么创业者
# 要有自己的顾问团?

最后一章的最后一节,我想和创业者谈点务虚的事。

创业者的气场不是一天练成的。10年前的马化腾,未必掌控得住现在的腾讯。创业者是需要快速成长的,越优秀的创业者,抗压能力越强,成长也就越快。

怎样才能快速成长呢?除了创业者自身的强烈意愿和学习能力之外,有没有强大的顾问团队,也是创业者能否快速成长的分水岭。

我的建议是:在组建内部团队的同时,也要接触外部顾问团。

## 董事会成员的选择

创业公司成立后,就可以考虑组建董事会了。董事会的成员不必一定是出资人代表,创业者可以把自己能接触到的行业最强的人邀请来作为董事会成员。

董事会是内部打磨产品的关键助力者。有一群最专业的人帮助拷问产品、完善管理、推动营销,创业公司将会事半功倍。

到了融资后期,董事会成员还要进一步筛选,早期的投资者可以选择退出。这样的换血,也能给创业公司带来里程碑的意义,使其继续向更高的目标进阶。

而到了 C 轮以后,建议除了出资董事之外,还可以找一些业界大佬来做董事。他们会带来全新的思考,多聆听他们的意见,你会学到很多。

# 组建自己的顾问团

创业者必须有自己的顾问团,有自己的创业导师。当然,也鼓励每个成功的创业者去做别人的创业导师,让创业精神流传下去。

作为独立第三方的顾问团,可以帮助创业者提出问题,帮助创业者从第三方的角度看待问题、改善产品。在硅谷,创业导师能够拿到 1% 左右的股权或期权,这是因为他们对公司发展或产品发展提出的建议和思考是十分重要的。

在创业导师的选择上,创业者应该聚焦自己需要的领域。创业导师不一定要十分出名,但要非常专业,要真能帮得上忙。他们不一定会给创业者正确的答案,但是会提出正确的问题,帮助创业者理清思路。

# 其他外部团队

除了董事会和顾问团,我还建议创业企业雇佣一些外部团队或者业务顾问。如果实在预算有限,也可以有兼职的外部伙伴。这样,你就会从外部决策和内部决策中找到平衡点。

比如,涉及合同管理时,要有律师作为顾问;做公关活动时,要找一个公关公司或者公关达人作为顾问;开始销售时,与好的销售公司合作,会得到更专

业的知识和建议。如我前面所说，如果有智库能够给创业者更多信息和决策参考，那么创业者就可以更全面地衡量当下的形势，做出更好的决策。

当然，这中间有一个很关键的点，要把公司的理念传达给顾问团，让他们的专业性在公司的整体框架之下发挥作用。

创业者可以考虑，现阶段能请到哪些人来做创业顾问呢？说服他们，也是成长的一次训练。

小结

融资不是创业的必经之路，但对创业者而言，一旦创业进入白热化阶段，通过融资来加速是非常必要的。融资最难把握的是节奏问题，以及如何与投资人相处。只有处理好和资本的关系，创业者才能与投资人实现双赢。

# 写在后面：决策革命的前夜，
# 　　你准备好了吗？

虽然说谁都有可能成为 CEO，但创业的艰难程度决定了其必然是小概率事件，创业并不适合大多数人。

真正的创业，一定是起源于自己按捺不住的想法，不创业不甘心。

不管是寒冬还是早春，创业者想好了就是创业的时机，这才是创业的正确姿势。也许将来有钱赚，也许最终还是失败了。但最重要的是，创业可以塑造更好的自己，逼着自己成为更优秀的人，这是最大的收获。

创业的本质不是打败别人，而是战胜自己，用产品赢得用户的心。这件事对了，才有可能成为巨头，乔布斯、扎克伯格、盖茨都是直接创业，连工作的经验都没有，更不用说管理经验了。但是他们对认定的事充满了热爱，内心坚定，而且听得进别人的建议，又坚持得住对产品的想法。他们成功了，就是因为他们做对了。

现在我们觉得世界平淡无奇，但是如果过 10 年回头看当下，就会发现

此刻我们正处于决策革命的前夜,云计算、大数据、机器学习、人工智能……数据化的世界将会运行全新的规则,这个规则需要依靠创业者的集体创造。

在这个全新的视角下,整个世界的秩序都在重建。过去的一切正在僵化、变质,全新的时代喷薄欲出,如果你是唤醒未来时代的创业者,请不要胆怯,大胆去摸索。

**图书在版编目（CIP）数据**

创业的真相 / 赵博思著. —杭州：浙江大学出版
社，2018.9
ISBN 978-7-308-18430-4

Ⅰ.①创… Ⅱ.①赵… Ⅲ.①创业—研究 Ⅳ.
①F241.4

中国版本图书馆 CIP 数据核字（2018）第 160997 号

**创业的真相**

赵博思　著

| | |
|---|---|
| 责任编辑 | 曲　静 |
| 责任校对 | 杨利军　吴水燕 |
| 出版发行 | 浙江大学出版社 |
| | （杭州市天目山路 148 号　邮政编码 310007） |
| | （网址：http://www.zjupress.com） |
| 排　　版 | 杭州中大图文设计有限公司 |
| 印　　刷 | 杭州钱江彩色印务有限公司 |
| 开　　本 | 710mm×1000mm　1/16 |
| 印　　张 | 17 |
| 字　　数 | 226 千 |
| 版 印 次 | 2018 年 9 月第 1 版　2018 年 9 月第 1 次印刷 |
| 书　　号 | ISBN 978-7-308-18430-4 |
| 定　　价 | 45.00 元 |

浙江大学出版社发行中心联系方式　（0571）88925591；http://zjdxcbs.tmall.com